유아교사를 위한 인형극

Puppetshow for Children Teacher

유아교사를 위한

인형극

길현주 저

동문사

머리말

인형극은 무대 위에 사람 대신 인형을 등장시켜 조종하고 연출하는 연극의 형태이며, 음악, 미술, 공예, 노래 부르기 등 다양한 요소가 포함된다. 즉, 인형극은 유아들에게 친밀하고 매력적인 매체인 "인형"이 무대에 등장하여 연극, 음악, 미술, 노래 부르기 등의 종합예술을 수반하기 때문에 유아들에게 즐거움과 환상의 세계를 이끌어 주며, 전인발달에 많은 도움을 준다. 그러나 유아교육 기관에서 "인형극" 하면 전문적이고 다양한 재능이 있어야만 할 수 있다고 생각하기 때문에 특별한 행사가 있을 때 전문적으로 인형극 공연을 하는 사람들을 초청하거나, 인형극 공연을 하는 공연장을 찾는 경우가 많다. 하지만 프로 인형극처럼 완벽하게 하겠다는 욕심을 버리고, 인형극을 하고자 하는 열정만 있다면 어렵지 않다.

이 책은 인형극과 관련하여 누구나 쉽게 이해하고 실제 현장에서 적용할 수 있도록 이론편, 실제편, 유아를 위한 인형극 공연을 하는 데 필요한 시나리오로 구성해 보았다. 이론편에서는 인형극의 정의, 인형극의 교육적 가치, 인형극의 종류, 유아를 위한 인형극 제작하기를 제시하였다. 특히 유아를 위한 인형극 제작하기에서는 유아를 위한 인형극 제작 순서뿐만 아니라 인형 연기법에서 다양한 인형을 어떻게 조종해야 하는지에 대해 다루었다. 실제편에서는 다양한 인형 제작법을 소개하였는데, 유아가 제작할 수 있는 다양한 인형 제작법, 교사가 제작할 수 있는 다양한 인형 제작법, 다양한 인형들의 예시를 통해 인형 제작의 아이디어를 얻을 수 있도록 하였다.

유아를 위한 인형극 시나리오에서는 저자가 제자들과 함께 인형극 공연을 한 시나리오를 제시하였다.

이 책은 저자가 유아교육과 학생들을 대상으로 인형극 수업을 하면서 모아두었던 자료와 제자들과 함께 한 인형극 공연의 경험을 바탕으로 만들어진 것이다. 미흡한 점이 많아서 부끄럽다. 아무쪼록 인형극에 관심 있는 학생들과 유아교육 기관 교사들에게 많은 도움과 활용이 되었으면 하는 바람이다.

끝으로 멋지고 다양한 인형을 만들어 책에 실을 수 있도록 도와준 창원문성대학교 유아교육과 학생들, 부족한 책의 출판을 위해 물심양면으로 애써 주신 동문사 관계자분들에게 감사의 인사를 전한다.

2019년 7월

길현주

차례

Chapter 01

인형극의 기초

1. 인형극의 정의
2. 인형극의 교육적 가치

학습목표

- 인형극 정의에 대해 말할 수 있다.
- 인형극의 교육적 가치에 대해 설명할 수 있다.

핵심개념

- 인형극
- 인형극의 교육적 가치

1 인형극의 정의

인형(puppet)은 사람의 모양이나 동물, 식물, 그 외에 모양을 본떠서 만든 놀잇감이다(서성복, 2011). 인형은 유아들이 가장 친밀감을 느끼는 매혹적인 매체이며, 상상력과 환상의 세계를 이끌 수 있고, 긍정적인 정서를 함양하게 하는 등 교육적 가치가 큰 교수 매체이다.

인형극(puppetry)이란 무대에 인형을 등장시켜서 스토리가 있는 극본에 의해 사람이 조종, 연출하는 연극의 형태이다.

인형극의 특징을 정리하자면 다음과 같다.

첫째, 인형극은 어른이나 유아들이 즐겁게 관람할 수 있는 단순하면서도 극적인 흥미가 있다.

둘째, 인형극의 인형 자체가 남녀노소 모두에게 친밀감이 있는 대상이다.

셋째, 인형극에서는 연기자가 인형이기 때문에 인형을 조종하고 대사를 하는 사람은 관객에게 보이지 않도록 숨어 있어야 한다.

넷째, 인형극에서는 인형이 내용을 관객에게 전하는 도구이기 때문에 다양한 재료를 활용한 인형과 인형 조종자의 기술과 연출이 필요하다.

다섯째, 인형극은 공연을 위한 종합예술이므로 인형의 제작보다는 인형의 활용이 먼저 우선되어야 한다.

2 인형극의 교육적 가치

첫째, 유아의 창의적 사고와 상상력을 발달시킬 수 있다.

유아들은 이야기 속의 익숙한 대화에서 벗어나 자신들이 만들어 낸 가상적 인물, 대화, 배경들을 첨가하여 새롭게 인형극을 꾸미는 경우도 있다. 즉, 유아들이 자신의 개성을 살려 원하는 내용으로 다양하게 창조해 감으로써 창의적 사고와 상상력을 발달시킬 수 있다. 또한 인형극의 감상을 통하여 상상력을 발달시킬 수 있다.

둘째, 유아의 언어발달을 도울 수 있다.

유아의 언어적 기술과 언어 표현력 향상에 도움을 준다. 이는 인형극에 등장하는 인형들의 대화를 통하여 새로운 단어와 말하는 방법을 배울 수 있기 때문이다. 또한 이야기 소재를 제공하고 모국어 학습이 가능해진다. 허수향(2017)은 인형을 통해 자기 생각, 감정과 느낌을 표현함으로써 다른 사람의 관심이 인형에게로 맞추어지기 때문에 자신이 드러나지 않는다고 생각하고 의사소통 과정에 대한 부담스러움을 적게 느낀다고 보고하고 있다.

유아에게 자연스러운 듣기 교육이 이루어진다. 인형극은 미술, 음악, 창의적 동작, 율동, 연극, 이야기하기, 노래 부르기 등 종합예술을 수반하기 때문에 집중력 향상과 즐거움을 주기 때문이다.

셋째, 유아의 사회성 발달을 도울 수 있다.

유아들에게 인형극은 상황에 대한 이해, 여러 상황에서 건전한 방법으로 문제해결, 상대방을 설득하는 기술, 양보, 타협, 공유하기, 나누기 등을 간접경험할 수 있다. 그리고 유아들이 인형극 공연을 함께하는 과정에서 자기중심적 사고에서 벗어나 자신의 행동을 객관적으로 볼 기회와 타인의 입장에서 생각하는 과정을 경험하게 되고, 상호 협조하는 정신을 길러 줄 수 있다. 즉, 유아의 사회성 발달에 중요한 긍정적인 태도 변화와 친사회적 행동, 문제해결 능력, 대인관계 능력을 발달시킨다.

넷째, 유아의 정서발달을 도울 수 있다.

인형극은 유아들의 정서를 순화하는 효과가 있다. 유아들이 인형극 세계에 몰입한다는 것 자체가 정서함양에 도움이 될 수 있다. 인형극은 인형이라는 무생물에 자신을 투사해 볼 수 있는 기회를 얻게 됨으로써 정서적인 긴장감, 부정적인 감정을 해소하는 치료적 가치를 갖는다. 예를 들어, 병원에서 주사에 대한 안 좋은 경험이 있는 유아가 병원과 관련된 인형극을 해봄으로써 부정적인 감정을 해소할 수 있다. 또한 인형 자체가 유아에게는 즐거움과 기쁨을 제공한다.

다섯째, 유아들에게 인형극을 감상하는 태도와 주의 집중력 향상을 돕는다. '인형'은 유아에게 가장 친밀감을 느끼게 하는 매혹적인 매체이다. 허수향(2017)은 유아들에게 인형이라는 소재 자체가 살아있는 존재로 느껴지면서 자신들과 상호작용한다고 생각하기 때문에 유아들의 흥미를 지속시켜 주고 주의집중시간을 길게 한다고 보고하고 있다. 또한 인형극에는 음악, 미술, 공예, 연극, 노래 부르기 등 다양한 요소가 있기 때문에 유아의 흥미를 지속시켜 준다.

여섯째, 유아가 인형극에 직접 참여함으로써 부끄러움과 말더듬증 등의 장애 행동을 극복하는 데 도움을 준다. 고문숙 외(2007)에 의하면 부끄러움이 많은 소극적 유아들에게 탈 인형을 씌워주면 즐겁게 참여하고 표현한다고 보고하고 있다.

연구문제

1. 유아들이 좋아하는 다양한 인형에 대해 알아보고, 그 이유에 대해 생각해 보자.

2. 인형극의 정의에 대해 설명해 보자.

3. 인형극의 교육적 가치에 관해 설명해 보자.

Chapter 02

인형극의 종류

1. 막대 인형극
2. 손 인형극
3. 줄 인형극
4. 그림자 인형극
5. 탈 인형극

학습목표

- 인형극의 종류에 대해 말할 수 있다.
- 다양한 인형극의 특징에 대해 설명할 수 있다.

핵심개념

- 막대 인형극
- 손 인형극
- 줄 인형극
- 그림자 인형극
- 탈 인형극

인형극의 종류는 어떠한 관점으로 보느냐에 따라 다양하게 분류된다. 입체적인가, 평면적인가, 위에서 조종하는가, 아래에서 조종하는가, 그림자를 이용하는가, 사람이 탈을 쓰고 등장하는가 등에 따라 다양하게 분류될 수 있다(이경옥, 2008). 다음은 일반적으로 많이 사용되고 있는 막대 인형극, 손 인형극, 줄 인형극, 그림자 인형극, 탈 인형극을 중심으로 살펴보고자 한다.

1 막대 인형극

「뚱보가 된 백설 공주」 극 중에서 백설 공주, 왕자

1) 인형의 중심에 고정한 막대를 잡고 이야기 내용에 따라 앞, 뒤, 좌, 우로 움직이거나 흔들며 아래에서 조종하는 인형극이다. 인형의 양손에 철사를 달아 팔 동작을 표현하면 더욱 생동감이 있다. 인형에 장착하는 기구는 막대, PVC 파이프, 철사 등을 활용할 수 있다.
2) 막대 인형의 종류는 평면 막대 인형과 입체 막대 인형이 있다. 평면 막대 인형은 그림, 화보 등을 이용해 평면적으로 만든 것이다. 입체 막대 인형은 부직포, 스펀지, 종이컵 등을 이용해 입체적으로 만든

것이다.

3) 유아들이 손쉽게 만들 수 있는 막대 인형은 유아들이 그린 그림 뒷면에 막대를 붙이거나, 잡지, 신문 등에서 필요한 인물, 동물의 사진 또는 그림을 찾아 오려서 막대를 붙이면 된다. 즉, 막대 인형은 제작과 활용이 쉽기 때문에 나이 어린 유아들도 쉽게 놀이할 수 있다.

2 손 인형극

「해님 달님」 극 중에서 호랑이, 오빠, 누이동생

1) 인형 머리와 입을 크게 만들어 인형 안에 손을 넣고, 손가락이나 손목을 움직이는 인형극이다.

2) 손 인형극은 프랑스에서 처음 생겨났으며, '기뇰(Guignol)'이라고 한다. "손 인형극의 아버지"로 불리는 률랭 무르게가 만든 인형 중에서 관객들에게 가장 인기가 있었던 인형의 이름인 '기뇰(Guignol)'에서 유래되었다. '기뇰(Guignol)'은 19세기 초에 거리에서 사회 세태를 풍자하는 내용으로 공연을 하였는데, 많은 인기를 얻었다고 한다(노명희 외 2004).

3) 손 인형은 입이 크며, 대부분 하반신 아래쪽이 나타나지 않는 것이 특징이다. 유아들은 손 인형의 입을 열었다 닫았다 하면 말하는 것처럼 보이기 때문에 흥미 있어 한다.
4) 손 인형은 한 손을 사용하는 방법과 양손을 사용하는 방법이 있다. 한 손을 사용하는 방법은 인형의 머리에 한 손을 넣어 머리와 입을 움직이게 하는 것이다. 양손을 사용하는 방법은 인형의 머리에 한 손을 넣고, 남은 한 손은 인형의 양손에 연결된 막대나 철사를 잡고 움직이는 것이다.

3 줄 인형극

「피노키오」 극 중에서 할아버지, 피노키오

1) 인형의 팔과 다리 및 몸 마디마디 꺾어지는 관절 부분에 줄(낚싯줄)을 연결하여 위에서 조종하는 인형극이다.
2) 인형극의 원조라고도 하며 마리오네트(marionette)라고도 부른다.

마리오네트는 '성모 마리아'에서 전환된 것이라고 한다. 이탈리아 베니스 사람들이 성경 중에 성스러운 이야기를 연출하는 '성스러운 상'으로 '마리오네트', 즉 '사랑하는 성 마리의 상'이라고 불렀는데, 이것이 나중에는 줄 인형극의 대명사가 되었다(노명희 외, 2004).

3) 줄 인형극은 위에서 조종하므로 발레와 같은 점프나 걸음걸이, 하늘을 나는 장면, 나무에 오르는 장면 등을 연출할 때 막대 인형이나 손 인형보다 더 실감나게 보인다.
4) 줄 인형의 동작은 조종대에 매여진 줄을 당겨 조종하는 것인데, 줄이 많을수록 다양한 동작과 섬세한 연기가 가능하다. 즉, 줄인형은 발의 움직임이 분명하게 나타나고, 뛰고 달리며, 앉고 걷는 다리와 팔, 얼굴 부분까지 움직일 수 있다. 그러나 줄 인형의 다양한 동작과 섬세한 움직임을 나타내기 위해서는 제작과 조종에 전문적인 기술과 많은 연습이 필요하다.
5) 줄의 종류에 따라 한 줄, 두 줄, 세 줄, 네 줄 등이 있다. 네 줄부터는 십자형의 막대나 두 개의 막대에 연결하여 조종하는 것이 편리하다. 유아들은 한 줄 또는 두 줄 인형으로 간단하게 만들어 사용할 수 있다.
6) 줄 인형의 발바닥에 자석, 점토, 모래, 곡식 등을 넣으면 무게가 있기 때문에 안정감 있게 움직인다.
7) 줄 인형의 줄 길이가 너무 길면 인형을 조종하는 데 힘이 들고, 너무 짧으면 인형의 팔이 위로 향하기 때문에 적절한 길이가 되도록 한다. 줄 인형의 적절한 줄 길이는 조종자가 조종대를 수평으로 잡았을 때, 인형의 발이 무대 바닥에 닿으면서 인형의 팔과 손은 정자세가 되어야 한다.

〈무대 바닥〉

줄 인형의 줄 길이

4 그림자 인형극

「어리석은 거북」 극 중에서 거북

1) 실루엣(silhouette)이라고도 하며, 스크린에 빛을 투과시켜 인형의 그림자를 만들어 보여 주는 인형극이다.
2) 그림자 인형극은 그림자를 통해 극이 연출되기 때문에 환상적인 분위기를 만들어 내며, 깊은 감정적인 호소력을 가진다. 정적인 분위기에 잘 어울리며, 자연을 소재로 한 작품에 잘 어울린다.
3) 그림자 인형극은 아름다운 화면과 환상적인 색상 표현이 가능하다. 두꺼운 종이(마분지, 하드보드지)에 인형을 그리고 오려서 제작하며, 빛을 투과시키고자 하는 부분은 오려낸 후 색 셀로판지를 붙이면 색이 있는 그림자극이 되고, 그대로 두거나 흰 셀로판지를 붙이면 흑백의 그림자가 생긴다.
4) 그림자 인형은 손만을 사용하여 토끼, 강아지, 새 등을 만드는 전통적인 방법이 있다. 그리고 포맥스, 두꺼운 종이(마분지, 하드보드지), OHP 필름, 셀로판지 등을 활용하여 만들 수 있다. 그림자 인형의 손잡이는 아크릴 막대나 철사 등을 활용한다.
5) 그림자를 만들 수 있는 광원은 실물 환등기, OHP 기기 등을 활용할 수 있다. 스크린에 나타나는 그림자 인형의 크기와 모양은 조명의 위치에 따라 변화시킬 수 있다.

5 탈 인형극

1) 사람이 머리에 탈을 쓰고 등장인물과 잘 어울리는 의상을 입고 무대에서 연기하는 인형극이다.
2) 다른 인형에 비해 제일 큰 인형이기 때문에 멀리서도 잘 보이고, 동작과 움직임의 표현이 자유롭다.
3) 관객에게 직접 다가갈 수 있으므로 즉석에서 상호작용이 가능하고 친근감을 준다.

「용궁에 간 토끼」 극 중에서 토끼, 거북이

4) 연기자들의 동선이 크고, 탈 인형 몸의 크기에 맞추어 과장된 동작 표현을 하므로 넓은 공간이 요구된다.
5) 탈은 모자 모양의 형태부터 얼굴 전체만 가리거나 몸 전체까지 가리는 형태까지 다양하다. 탈 제작에 활용되는 재료는 천, 스펀지, 점토, 바가지 등 다양하게 이용된다.

연구문제

1. 인형극의 종류에 대해 설명해 보자.

2. 다양한 인형극의 특징에 대해 설명해 보자.

Chapter 03

유아를 위한 인형극 제작하기

1. 동화 선정하기
2. 각본 구성하기
3. 인형 제작 시 고려사항
4. 소품
5. 무대장치
6. 배경
7. 조명
8. 녹음
9. 인형 연기법
10. 연출

학습목표

- 인형극 제작과정에 대해 설명할 수 있다.
- 인형극에 맞는 동화를 선정할 수 있다.
- 좋은 각본을 구성하기 위하여 고려해야 할 점에 대해 설명할 수 있다.
- 인형 제작 시 일반적으로 고려해야 할 점에 대해 설명할 수 있다.
- 소품, 배경, 녹음 시 고려해야 할 점에 대해 설명할 수 있다.
- 다양한 인형극에 따른 무대장치에 대해 설명할 수 있다.
- 인형 종류에 따른 인형 연기법에 대해 설명할 수 있다.
- 유아를 위한 인형극을 연출할 수 있다.

핵심개념

- 동화 선정
- 각본, 해설, 대사, 지문
- 인형 제작
- 소품
- 무대장치
- 배경
- 조명
- 녹음
- 인형 연기법
- 연출

1 동화 선정하기

유아를 위한 인형극 제작을 위해서는 제일 먼저 대상연령과 흥미를 고려한 동화 선정이 중요하다.

동화 선정 시 고려해야 할 점은 다음과 같다.

1) 동화내용은 유아들이 들어서 쉽게 이해할 수 있는 단어나 문장으로 구성되어 있고, 재미있는 것이 좋다. 그리고 등장인물의 수는 유아가 혼란스럽지 않도록 많지 않고, 적당한 것이 좋다.
2) 주제가 명확하고 줄거리가 단순해야 한다. 주제가 명확하지 않거나 너무 복잡한 이야기는 적합하지 않다.
3) 유아들이 이미 알고 있는 동화내용은 의미가 쉽게 전달될 수 있기 때문에 흥미와 몰입을 쉽게 끌어낼 수 있다.
4) 반복되는 사건, 대화가 많은 이야기는 유아의 흥미를 끌 수 있다. 예를 들면, "혹부리 할아버지", "해와 달이 된 오누이", "브레멘 음악대", "누가 내 머리에 똥 쌌어", "아기돼지 삼형제", "검둥이 삼보" 등이 있다.
5) 유아들이 일상생활 속에서 경험할 수 있는 이야기(예 : 기본생활습관, 사회적 관계를 다루는 내용인 우정, 나눔, 협동, 화해 등)는 쉽게 공감할 수 있기 때문에 적합하다. 예를 들면, "이 잘 닦아 공주와 이 안 닦아 왕자", "으뜸 헤엄이", "애벌레의 꿈", "무지개 물고기" 등이 있다.
6) 상상력을 자극할 수 있는 환상적인 이야기도 적합하다. 예를 들면, "괴물들이 사는 나라", "고기잡이 할아버지", "칫솔 맨, 도와줘요!" 등이 있다.
7) 동화 내용 전개가 전체적으로 동적인 성격을 가져야 한다. 즉, 유아의 흥미를 끌기 위해서는 등장인물의 여러 가지 움직임을 확실히 알 수 있도록 활동적인 묘사가 많아야 하고, 강한 개성과 생동감을 지닌 등장인물이 적합하다.
8) 동화내용은 유아에게 교육적이며 건전해야 하며, 정서적인 감동을

줄 수 있는 것이 좋다.

9) 이야기 구조는 단순 간결하면서도 힘이 있어야 한다. 즉, 흥미와 호기심을 자극하는 도입, 통일성과 간결성을 가지는 전개, 긴장감이 도는 위기, 강력한 갈등의 절정, 안도감을 주는 결말의 형식을 갖추어야 한다. 왜냐하면 주인공이 갈등을 해결해 나가는 과정과 앞으로 전개될 상황에 대한 기대감과 흥미를 줄 수 있기 때문이다.

2 각본 구성하기

각본은 인형극을 만들기 위해 미리 작성한 글이며, 시나리오, 극본, 희곡이라고도 한다. 각본은 인형극 제작에 필요한 모든 사항에 대해 세밀한 부분까지 어떤 형태로 이야기를 만들어나갈 것인가에 대한 계획서 성격을 지닌다.

각본을 쓸 때는 세 가지를 고려해야 한다. 첫째, 관객에게 전달하고 싶은 주제를 정한다. 둘째, 어떠한 이야기로 전개할 것인지 줄거리를 정한다. 이야기 전개는 기·승·전·결의 구조로 구성되어야 한다. “기”는 이야기의 발달, “승”은 사건이 전개되는 과정, “전”은 사건의 긴장이나 갈등이 최고조로 이루어지는 부분이며, “결”은 마무리로 갈등이나 긴장이 해소되는 부분이다. 셋째, 등장인물들의 성격과 모습을 정한다(정진수, 2000).

각본은 해설, 대사, 지문으로 구성된다. 각본의 구성내용과 예문을 구체적으로 살펴보면 다음과 같다(김성연, 1992; 김영애 외 2016; 김애옥, 1998; 노명희 외 2004).

1) 해설

해설은 시간이나 장소, 상황이나 사건의 흐름, 등장인물의 성격이나 감정 등을 간결하게 관객에게 알려주는 것이다. 해설은 간단한 것이 좋다. 해설은 목소리만 전달하는 방법과 해설자(인형)가 등장하여 내용을 전달하는 방법, 목소리로 전달하면서 등장인물이 상황을 표현하는 방법 등이 있다.

해설을 사용한 예)

해설 : 옛날 옛적에 이 잘 닦아 공주와 이 안 닦아 왕자가 살고 있었어. 이 잘닦아 공주는 이를 잘 닦았지만, 이웃 나라 이 안 닦아 왕자는 이를 안 닦아도 너~무 안 닦았어요.

(중략)

해설 : 이렇게 왕자는 이를 잘 닦아 충치 균 물리쳐 대회에서 일등을 하여 공주와 행복하게 살았답니다.

『이 잘 닦아 공주와 이 안 닦아 왕자』 막대 인형극 중에서

2) 대사

대사는 등장인물들(배우)이 무대에서 하는 말이다. 한 사람의 대사가 너무 길지 않도록 하고, 간결하면서 아름다워야 하며 행동을 나타낼 수 있어야 한다.

대사에는 대화, 독백, 방백이 있다. 대화는 둘 이상의 등장인물들이 무대 위에서 서로 주고받는 말을 뜻한다. 대사 중에서 대화가 대부분을 차지하고 있다. 독백은 한 명의 등장인물이 상대자가 없이 관객 앞에서 혼자 말하는 것이다. 방백은 한 등장인물이 상대 배우에게는 들리지 않는다는 가정에 따라 관객 앞에서 혼자 하는 말이다.

대사 사용의 예)

대화) 호랑이 : (낮은 자세로 다가오며) 할머니를 잡아먹겠다.

할머니 : (공포에 떨면서 호랑이를 안으며) 아이고, 살려주세요.

호랑이 : (벗어나려고 허우적대며) 으악, 이거 놔!

할머니 : (호랑이를 더 꽉 안으며) 살려주세요.

호랑이 : 이거 놓으라니깐!

할머니 : 살려달라니깐요.

호랑이 : (하는 수 없이) 아아 알았어!!
(힘들었다는 듯이 땀을 닦으며) 내기해 내기!

할머니 : (호랑이를 안은 손을 풀며 당황스럽다는 듯이) 내.. 내기?

호랑이 : (능글능글하게) 내기라고 해서 당황하셨어요? 할머니가 이기면 살려 줄 테지만 (음침하게) 내가 이기면 할머니를 (입맛 다시는 소리를 내며 음흉하게 웃는다.)

할머니 : (어쩔 수 없다는 듯이) 아이고, 알겠습니다.

독백) 할머니 : (구수한 목소리로 혼잣말) 아이고, 그새 쑥쑥 많이도 자랐네. (혼잣말로 뿌듯해하며) 가을에 팥이 다 익으면 맛있는 팥죽을 해 먹어야겠구나. 허허허.

방백) 호랑이 : (조심스럽게 낮은 목소리로) 살금살금 몰래몰래.

할머니 : (많이 자란 팥을 뿌듯해하며 바라본다.)

『팥죽 할머니와 호랑이』탈 인형극 중에서

3) 지문

지문은 해설과 대사를 뺀 나머지 부분의 글이다. 지문은 두 종류가 있다. 첫째는 인물의 대화 속에 괄호로 표시하며 등장인물의 동작, 표정, 기분, 말투 등을 나타내는 것이다. 둘째는 괄호 바깥에 있는 것으로 장면 변화, 장소, 배경음악, 효과음악 등을 나타낸다. 너무 긴 지문은 좋지 않다.

지문 사용의 예)

제1막 정원

효과음 : 새 소리

날씬한 백설 공주 : (꽃에 밝은 목소리로 인사) 얘들아 안녕. 나의 사랑스러운 꽃들아. (꽃에 물을 뿌리는 동작을 하며) 내가 물을

듬~뿍 줄게!

효과음 : 물 주는 소리

효과음 : 말발굽 소리와 말 울음소리

왕자 : (다급히 공주를 찾는 동작을 취하며) 공주, 어디 있소? 공주. (두리번두리번) 대체 어디 있는 거요?

날씬한 백설 공주 : (왕자를 향해 손을 흔들며) 저 여기 있어요, 왕자님.

왕자 : (두리번거리다가 공주를 발견하고 다가가며) 아, 공주! 공주에게 급히 할 말이 있어요.

날씬한 백설 공주 : 무슨 일이신데요?

왕자 : (망설이는 말투로) 그게 실은. 내가 몇 달 동안 먼~곳으로 가게 되었소.

날씬한 백설 공주 : (놀란 말투로) 세상에! 어디요?

왕자 : 해외 출장이요. 하지만 빨리 돌아올 테니 조금만 기다려주시오. 내가 보고 싶더라도 울지 말고, 밥 잘 먹고 엄마 말 잘 듣고 기다리고 있어요.

『뚱보가 된 백설 공주』 막대 인형극 중에서

좋은 각본 구성의 기술적인 특징은 다음과 같다(안정희, 1989; 이춘희, 2002).

① 대담한 생략

대사나 동작 등을 짧은 시간에 압축 처리하여 배경을 전환하는 것이다. 『흥부 놀부』에서 제비가 박 씨를 물어다 주어 심었더니 금방 싹이 난다. 잎이 자라며 박이 열리는 장면을 짧은 시간에 처리해 시간을 압축하는 방법이 좋은 예이다.

② 반복적인 재미

대사나 동작을 반복함으로써 웃음을 자아내는데, 희극적 요소에 적합하다. 좋은 예는 『커다란 무』에서 할아버지, 할머니, 손자, 고양이, 쥐가 차례로 등장하여 커다란 무를 뽑는 반복적인 동작과 커다란 무를 뽑을 때마다 "영차 영차"의 반복적인 대사를 하는 것이다.

③ 캐릭터 인형

유아들이 흥미 있어 하는 뽀로로, 로보캅 폴리, 번개 맨, 터닝매카드 등 인기 있는 캐릭터 인형을 등장시켜 극을 설명하거나 진행하게 함으로써 유아들의 주의를 집중시킬 수 있다.

④ 마술 같은 깜짝 쇼

인형이 등장하기 때문에 인간이 할 수 없는 기교가 가능하다. 예를 들면, 한 마리의 개구리가 항아리 속으로 들어가 열 마리가 되어 나온다든가, 한 송이의 꽃이 수십 송이의 꽃으로 변하는 기교와 인형 머리가 빙글빙글 돌아가는 것 등이 있다.

⑤ 풍자

인형극에서는 과장된 표현으로 풍자의 효과를 더할 수 있다. 오페라 가수가 노래할 때 그냥 입만 움직이는 게 아니고 목을 길게 뽑으며 가슴이 부풀어 오르는 표현이나 거북이의 목이 밖으로 길게 나왔다가 아주 짧게 들어가거나 하는 표현이다.

⑥ 간결하고 율동적인 대사

인형이 표현할 수 있는 표정은 입, 눈, 눈썹, 수염 등이기 때문에 다양한 표정연기가 불가능하다. 그러므로 인형이 한자리에서 긴 대사를 연기하는 것은 지루하다. 대신 간결하고 율동적인 대사와 비약된 언어적 표현이 좋다.

⑦ 인형의 등·퇴장

등장 인형이 너무 많으면 관객들의 혼란을 일으킬 수 있다. 등장 인형의 수는 최소화하고, 무대의 크기를 고려하여 등장과 퇴장시킨다. 줄 인형의 경우 서로 엇갈리기 때문에 자리바꿈을 자주 하는 것은 좋지 않다.

⑧ 등장 인형의 특징

등장 인형은 전체적인 모양이나 크기, 색깔, 의상 등을 달리하여 특징이 드러나게 해야 한다. 인형들의 생김새와 의상이 서로 비슷한 것은 좋지 않다. 일반 연극은 같은 의상을 입어도 얼굴의 생김새나 걸음걸이, 음성 등이 달라서 분별할 수 있으나 인형은 혼동하기 쉽다. 예를 들면, 같은 옷을 입은 군인 인형과 포졸 인형의 경우가 그렇다.

⑨ 관객이 참여할 기회 제공

인형극 공연은 관객이 함께 참여할 기회를 주면 흥미롭게 전개될 수 있다. 예를 들면, 인형극 공연 사이사이에 관객이 잘 알고 있는 노래나 춤, 관객에게 질문하고 답할 수 있는 기회 등이다.

3 인형 제작 시 고려사항

인형을 제작할 때는 극의 분위기를 잘 표현할 수 있는 인형극의 종류를 선택해야 한다. 인형극의 인형 제작 시 일반적으로 고려해야 할 점은 다음과 같다(김경미, 1997; 김애옥, 1998).

1) 인형극의 인형은 인형을 움직여 연기를 표현하는 연극이기 때문에 너무 무거우면 안 되고, 움직이기 쉽고 다루기 쉬워야 한다. 인형의 움직임을 주기 위해 관절과 관절 사이를 가볍게 연결하고, 인형에 연결하는 철사나 막대의 길이도 조종하는 데 불편하지 않도록 한다.
2) 인형의 앞부분뿐만 아니라 뒷부분도 보기 좋게 입체적으로 만들어야 한다. 왜냐하면 어떻게 움직이거나 어디서 보거나 모두 보기 좋아야 하기 때문이다.
3) 인형의 크기가 등장하는 인형들 간에 조화를 이루어야 한다. 예를 들면, 등장인물 중에 거인과 유아가 나온다면 거인은 크게, 유아는 작게 제작한다.
4) 인형극의 인형은 항상 무대에서 나타나고, 관객은 인형을 멀리 떨

어져서 본다. 그러므로 멀리서 보더라도 인형의 모양, 옷 무늬, 옷 색깔 등을 확실히 알 수 있고 아름답다고 느낄 수 있어야 한다. 그리고 인형의 분장도 가까이에서 보면 좀 지나치다고 생각되는 것이 멀리서 보면 선명하다.

5) 인형의 나이도 고려하여 제작하여야 한다. 예를 들면, 병든 할아버지 인형이 너무 귀엽거나 예쁘게 제작된다면 나이에 맞지 않는 인형이 된다.

6) 인형 제작 과정에서 바느질할 때는 바느질 선이 보이지 않도록 천과 실의 색깔을 같게 한다. 바느질은 주로 박음질, 감침질, 공그르기를 사용한다.

7) 등장인물의 성격에 맞게 제작되어야 한다. 즉, 얼굴 모양, 살갗의 조화, 이목구비(耳目口鼻)의 크기와 모양, 턱의 균형 등을 고려해야 한다.

얼굴 모양에 따른 인물의 유형을 살펴보면 다음과 같다(노명희 외, 2004).

① 활동적인 형 : 얼굴 전면이 볼록하다.
② 인내심이 강한 형 : 얼굴 전면이 오목하다.
③ 지적인 형 : 얼굴 윗부분이 크다.
④ 건강한 형 : 얼굴 아랫부분이 크다.
⑤ 무사태평 형 : 얼굴이 갸름하다.
⑥ 투지가 강한 형 : 얼굴 폭이 넓다.

얼굴 모양에 따른 인물의 유형

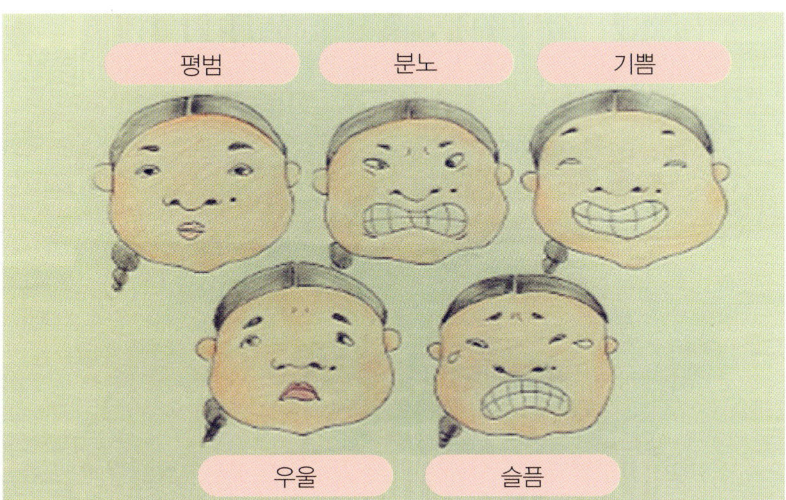

인형의 표정

4 소품

소품(소도구)은 대체로 실물을 그대로 사용하지 않으며 다루기 쉽고 가벼워야 한다. 가령 소품으로 실물 호미를 사용한다면 위험하고 무거워서 인형극을 할 수 없다. 그러므로 관객에게는 호미처럼 보이면서 무겁게 느껴져야 하지만 실제로는 다루기 쉽고 가벼워야 한다.

인형극 공연을 하는 중에 소품이 부서지는 일이 없도록 견고하게 제작해야 한다. 인형극의 소품 크기는 실제 크기보다 과장되게 작거나 크게 제작한다. 이러한 크기의 기준은 무대에서 공연되는 인형극의 효과를 생각해서 결정해야 한다. 예를 들면, 실물인 주사위를 인형에게 준다면 너무 작아서 관객에게는 잘 보이지 않기 때문에 실제 크기보다 훨씬 크게 만들어야 한다. 반대로 인형이 자동차를 타고 인형극 무대에 등장한다면 자동차는 실제의 자동차보다 훨씬 작게 만드는 것이 더 재미있을 것이다.

쿠키
– 부직포, 신문지, 크레파스, pvc 막대, 전기테이프 활용

바위
– 박스, 부직포, 신문지, 락카 활용

엑스레이
– 박스, 색지, 칼라시트지, 부직포, 바퀴달린 받침대 활용

역기
– 상자, pvc 막대, 컬러 시트지 활용

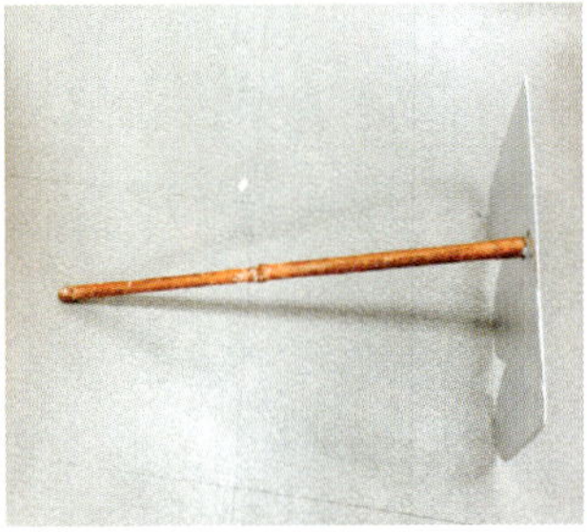

농기구 괭이
– 폼 포드, 나무막대 활용

방문
– 폼 포드, 색지, pvc 막대, 전기테이프 활용

고등어
– 폼 포드, 물감, 철사, 전기테이프 활용

말
– 부직포, 솜, 털실, 스팽글 pvc 막대, 전기테이프 활용

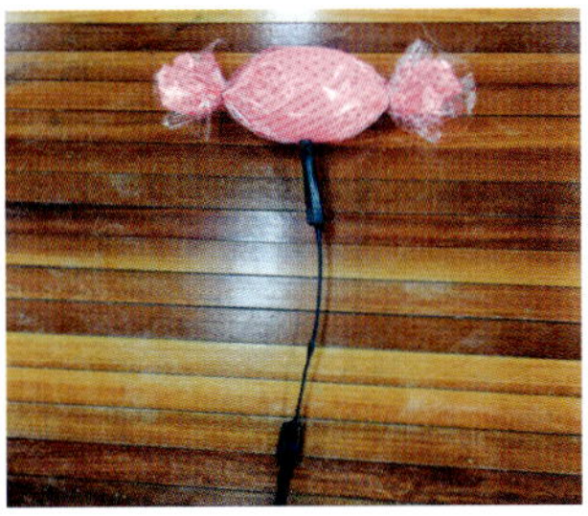

사탕
– 포장지, 비닐, 신문지, 철사, 전기테이프 활용

소품의 예

5 무대장치

인형극 무대는 인형극을 하는 주체에 따라 교사용 무대와 유아용 무대가 다르기 때문에 사용대상에 따라 제작해야 한다.

인형극의 무대장치를 할 때 고려해야 할 점은 다음과 같다. 첫째, 될 수 있는 대로 간단하게 설치해야 한다. 왜냐하면 무대장치가 복잡하면 인형들을 움직이기가 불편하기 때문이다. 둘째, 인형극의 무대장치는 인형과 조화를 이루어야 한다. 셋째, 인형극 종류에 따라 조종방법이 다르므로 다르게 설치해야 한다. 다음은 인형극 종류에 따른 무대장치이다.

막대 인형극 및 손 인형극 무대 앞과 무대 내부

줄 인형극 무대 앞과 무대 내부

그림자 인형극 무대 앞과 무대 내부

탈 인형극 무대

6 배경

인형극의 배경은 무대의 완성도를 높이는 데 중요한 역할을 한다. 인형극 배경의 제작 시 고려해야 할 점은 다음과 같다.

1) 인형극의 배경은 작품의 전체적인 분위기와 장면마다 변화, 인형의 의상, 무대를 꾸밀 소품의 위치를 고려하여 제작한다.
2) 인형극 배경을 제작할 때는 색깔 선정도 고려해야 한다. 배경 색상이 너무 진하면 관객에게 등장 인형의 움직임이 제대로 전달되지 않기 때문이다.
3) 인형극의 배경은 미술 장르(genre)에 속하는 분야로 다양한 방법으로 제작할 수 있는데, 몇 가지 소개하면 다음과 같다.
   ① 인형극의 배경은 작성된 각본에 따라 장면을 설정하여 종이나 광목천에 그림을 그려서 제작할 수 있다. 배경에 그릴 물감으로는 염색(염료) 물감이 가장 좋다. 염색 물감은 분말인데 풀 성분의 호료(MCC)를 물에 풀은 후 혼합하여 액체로 사용한다. 이때 비율은 호료(MCC) 10, 사용하고자 하는 염색 물감 2의 비율로 섞는다. 색을 만들 때는 염색 물감을 많이 넣거나 적게 타서 쓰는 방법만이 가능하기 때문에 그림의 색깔이 원색으로 처리되기 쉬움을 참고해야 한다. 그 외에 크레파스, 포스터컬러, 전문 미술 물감 등으로 그릴 수 있다.
   ② 인형극의 배경은 다양한 재료를 사용하여 전체적으로 또는 부분적으로 입체감을 살려 제작할 수 있다. 여기서 다양한 재료는 부직포, 하드보드지, 여러 가지 천, 일상생활에서 구할 수 있는 재료 등이다. 예를 들어, 배경장면으로 초가집을 표현할 때는 짚을 사용할 수도 있고, 부직포, 하드보드지, 천 등을 사용해서 표현할 수 있다.
   ③ 인형극 배경은 현수막 제작하는 곳에 가서 실사 출력하여 완성된 배경을 사용하기도 한다.

4) 인형극 배경의 개수는 인형극 내용에 필요한 범위 내에서 적을수록 제작 및 극의 전개에 효율적이다.

5) 인형극 배경을 보관할 때에는 구김을 방지하기 위하여 펴서 보관하는 것이 좋다. 이동할 때는 둥글게 말아서 옮기는 것이 좋다.

6) 인형극 배경의 설치는 무대 뒤쪽에 할 수 있고, 무대 앞쪽에 장면의 변화나 소품을 만들어서 할 수 있다. 무대 뒤쪽에 배경 그림을 설치할 경우에는 천장에 커튼레일을 2~3단으로 설치하여 완성된 배경 그림을 커튼 핀(또는 링)으로 커튼레일에 고정하면 커튼을 접고 펴듯이 교체할 수 있다. 또는 고정식, 차트식, 병풍식, 롤식으로 배경 설치를 할 수 있다.

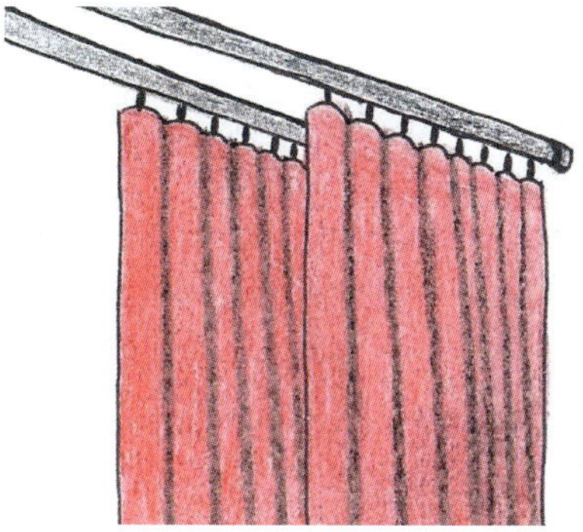

배경 그림을 붙일 수 있는 커튼레일

무대 앞쪽에 소품을 설치하여 만든 배경

고정식 배경 : 종이 및 천 이용

차트식 배경 : 천, 종이, 비닐 이용

병풍식 배경 : 하드보드지 이용

롤식 배경 종이 및 천 이용

인형극 배경 설치의 예

7 조명

조명은 무대 빛을 효과적으로 비춰주는 것을 말하며, 무대 예술의 절대적인 기구라고 말할 수 있다.

조명의 역할은 첫째, 인형극이 관객에게 잘 보이게 한다. 왜냐하면, 인형극 무대에만 조명을 비추고, 관객이 앉는 객석은 전체적으로 어둡게 하기 때문이다.

둘째, 공연의 효과를 극대화해 주는 역할을 한다. 조명 기기의 색깔과 밝음에 따라 극의 분위기와 상황, 인형의 감정 등을 설명하거나, 환상적인 장면을 만들어 낸다.

그러므로 효과적인 조명연출을 위해서는 다음과 같은 점을 고려해야 한다. 첫째, 조명계획을 수립해야 한다. 즉, 조명이 켜지고 꺼지는 시점(극의 시작과 끝, 막의 전환 등), 강조해야 할 부분 등 자세한 내용이 각본에 들어가 있어야 한다. 둘째, 조명은 인형극의 종류와 내용에 따라 다르게 연출되어야 한다.

신관홍(2000)이 제시한 조명 기재를 정리하면 다음과 같다.

1) 스포트라이트(Spotlight)

무대의 핵심인 중요 포인트만 비추는 조명이며, 무대 조명 중에 가장 중심적인 기능을 갖추었다.

2) 플라노 컨벡스 스포트라이트(Plano Convex Spotlight)

이 조명은 앞뒤로 이동할 수 있으며, 앞뒤의 이동으로 빛의 폭을 무대 크기의 상황에 따라 자유로이 조절할 수 있다. 또한 젤라틴(gelatin)을 조명 렌즈 앞에다 장치해서 여러 가지 색깔의 빛을 발산할 수 있는 다양한 기능의 조명이다.

3) 팔로우 스포트라이트(Follow Spotlight)

인형이나 주요 물체를 따라 이동하는 조명으로 광폭을 조절해서 몸 전체나 얼굴만 비출 수 있는 조명 중에 광도가 높은 조명이다.

4) 플루드라이트(Floodlight)

넓게 비치는 조명으로, 주로 무대 전체를 밝게 하여 배경을 비추는 데 많이 사용된다.

5) 스트립나이트(Striplight)

벌집 조명이라고도 하며 16개의 전구가 동시에 켜질 수 있다. 색 기구를 섞어서 켤 수 있도록 기다란 네모 통에 아래위로 칸을 막고, 앞에다 색 기구를 꽂을 수 있도록 만들어 빛의 조화와 밝기의 협력을 하는 조명이다.

6) 슬라이드(Slide) 효과 조명

투사식(投射式) 조명이고도 한다. 이 조명은 비, 눈, 바람, 불, 연기 같은 무대에서 현실화하기 어려운 실제 현상들을 그림자나 물체 반사로 보이게 하는 특수 조명이다. 소형 영사기로도 사용할 수 있다.

스포트라이트(Spotlight)

플루드라이트(Floodlight)

조명의 예

8 녹음

인형극은 직접 대사를 하면서 공연하는 것이 일반적이다. 그러나 유아교육 기관에서는 대부분 교사나 학부모가 인형극 공연을 하므로 인형을 조종하면서 직접 대사를 하기에는 힘이 든다. 그러므로 미리 각본(시나리오)에 맞게 녹음을 해 두면 인형을 조종하는 데만 집중할 수 있기 때문에 편리하다.

녹음할 때 주의할 점은 다음과 같다.

1) 인형극 공연 시간은 극의 내용, 연령에 따라 다르지만, 유아를 위한 인형극일 때는 대체로 10~15분 내외로 공연하는 것이 좋다.
2) 등장인물에 맞는 각자의 역할을 정하고 대사를 충분히 연습하고 녹음해야 한다. 즉, 등장인물의 성격에 맞는 목소리, 억양의 연습과 명확한 발음이 연습되어야 한다.
3) 인형극 내용에 적절한 배경음악이나 음향(효과음악)을 준비하여 녹음한다. 배경음악과 음향은 인형극의 효과를 증대시키는 중요한 부분이기 때문이다.
   ① 배경음악은 인형극 처음 시작과 끝나는 장면, 이야기 전개가 중요한 극에 달하거나 장면이 바뀔 때 분위기에 맞는 것을 넣는다. 인형극 내용에 따라 우리나라 전통음악, 서양의 고전음악, 영화나 드라마에 삽입한 다양한 음악, 동요 등 다양하게 활용할 수 있다. 엔딩(ending) 음악은 경쾌하고 흥겨운 곡으로 준비하며, 모든 출연진이 나와서 흥겹게 노래하며 율동하면 효과적이다.
   ② 음향은 인형극 속에 나오는 대사 이외의 여러 가지 소리를 말한다. 예를 들면, 빗소리, 바람소리, 문 두드리는 소리, 인형이 넘어져서 엉덩방아를 찧는 소리 등이다. 음향은 극의 분위기에 맞는 음악을 이용하거나 효과 도구를 이용할 수 있다. 간단한 효과 도구는 직접 제작하여 사용해도 된다. 예를 들면, 빗소리는 부채에 공을 달아 흔들면 여러 가지 빗소리를 낼 수 있다.

4) 대사는 인형이 움직이는 것을 생각해서 보통 말하는 것보다는 천천히 녹음한다.
5) 인형의 등장과 퇴장할 때, 대사 없이 인형을 움직여야 하는 경우, 유아에게 질문하고 답변을 기다려야 하는 경우는 시간적 여유를 둔다(약 3~4초).
6) 잡음 없이 깨끗하게 녹음이 되어야 한다.

9 인형 연기법

인형의 연기란 인형을 사용하여 연극을 만드는 작업이다. 그러므로 인형극의 작업 중에서 가장 중심이 되는 작업이기 때문에 인형 연기 연습을 많이 해야 한다. 인형 연기 연습을 할 때 무대 앞에 큰 거울을 세워 놓고, 거울을 보면서 연습하면 도움이 된다.

초보자가 인형을 연기하기 위해서는 프로 인형극을 의식해서는 안 된다. 프로 인형극을 의식하면 인형극을 할 수 없다. 인형을 사랑하는 마음과 인형을 움직여 보겠다는 의지와 성의가 있으면 인형을 움직이게 되고, 인형의 연기가 미흡하더라도 인형극 속으로 관객을 몰입하게 할 수 있다.

다음은 막대 인형, 손 인형, 줄 인형, 그림자 인형, 탈 인형의 연기법에 대해 소개하고자 한다.

1) 막대 인형, 손 인형 연기법

아래에서 조종하는 인형인 막대 인형과 손 인형의 연기법은 다음과 같다.

(1) 막대 인형과 손 인형 조종자 자세

인형 조종자의 자세는 안정되어야 한다. 그리고 인형 조종자는 손목에 힘을 넣지 말아야 인형이 가볍고 자연스러운 움직임이 될 수 있다.

(2) 막대 인형과 손 인형에 대한 한 인형의 조종자 인원

한 인형을 조종하는 사람의 수는 인형의 종류, 크기, 제작법에 따라 다양하다. 예를 들면, 큰 막대 인형을 두 사람이 조종할 때는 막대 인형의 몸을 지탱하는 조종자와 인형의 손을 조종하는 조종자가 있어야 한다.

(3) 막대 인형과 손 인형 기본자세

인형의 기본자세는 정자세로 똑바로 서 있는 자세이다. 그러므로 조종자가 인형을 조종할 때는 서서 조종, 앉아서 조종을 막론하고 몸의 중심에 인형이 와야 한다.

(4) 막대 인형과 손 인형 시선

인형의 시선은 늘 관객을 보고 있어야 한다. 말을 시작할 때와 말을 마칠 때만 상대방 인형을 보고 중간 대사는 관객을 보고 말해야 한다.

인형 2명이 마주 볼 때는 인형 가슴의 방향은 관객을 바라본 상태로 45도 각도를 가지고 바라본다. 인형 3명 이상일 경우는 옆에 있는 인형들이 45도 각도를 가지고 바라보고 가운에 있는 인형이 뒤로 약간 물러난다.

(5) 막대 인형과 손 인형 동작

① 말하는 인형은 움직이고, 듣는 인형은 특별한 움직임이 필요한 경우 외에는 움직이지 않는다. 단, 사람이 숨 쉬는 호흡 정도의 움직임은 해주어서 생명감을 가질 수 있도록 하면 좋다.

② 인형의 좋은 동작은 단순한 동작을 크고 정확하게 표현하는 것이다. 그렇기에 조종자가 조종의 동작을 크게 해야 한다. 예를 들면,

인형의 걷기는 막대 인형의 막대를 살짝 좌우로 움직여주면서, 조종자의 어깨를 좌우로 움직이면 효과적이다. 손 인형은 팔꿈치로 무대 바닥을 살살 쳐서 또박또박 소리를 내면서 걸으면 효과적이다.

③ 인형의 동작은 과장되게 표현한다. 인형의 동작을 과장되게 표현하려면 하고 싶은 동작을 하기 전에 반대 동작을 먼저 하면 된다.

▲ 정면 보기
좌, 우로 살핀 후 정면을 보기

▲인사하기
뒤로 머리를 젖히고 나서 인사를 하기

▲ 앞으로 달려가기
뒤로 한 번 물러났다가 뛰어가기

▲ 앞으로 쓰러지기
한두 바퀴 돌고 쓰러지기

④ 인형의 동작으로 인형의 마음(희로애락)을 표현할 수 있어야 한다. 다음은 「빨강 망토」 극 중에서 소녀, 늑대, 할머니 동작의 일부분을 소개하고자 한다.

▲사랑해
"사랑해" 동작을 만든 후 인형의 몸통을 좌, 우로 움직인다.

▲율동 준비
왼손, 오른손을 허리에 올린다.

▲안녕
"안녕" 동작을 만든 후 인형의 오른팔을 흔들면서 몸통도 좌, 우로 함께 움직인다.

▲울기
"울기" 동작을 만든 후 양손을 위, 아래로 움직인다.

▲생각하기
"생각하기" 동작을 만든 후 인형의 몸을 좌, 우로 움직인다.

▲반가워요
인형의 양손을 배에 대고 웃는 표정 짓는다.

2) 줄 인형 연기법

위에서 조종하는 줄 인형은 인형의 기본 조종법 중에서 가장 어렵기 때문에 많은 연습이 필요하다. 줄 인형 연기법은 다음과 같다.

(1) 줄 인형 조종자 기본 손 자세

조종자의 한 손으로는(자기가 중심으로 쓰고 있는 손) 조종대를 잡고, 다른 손으로 줄을 당겨서 인형을 조종한다. 조종할 때는 인형들끼리 줄이 꼬이고 엉키지 않도록 주의한다.

(2) 줄 인형 기본자세

인형의 발이 무대 바닥에 정상으로 딛고 있으면서 정자세로 있는 자세이다.

(3) 줄 인형 동작

① 일반 동작
서 있기, 손들기, 무릎 구부리기, 허리 굽히고 인사하기 등이다.

② 머리 부분
"예, 아니요"의 표현, 땅 보기, 하늘 보기 등이다.

③ 걸음걸이
앞뒤로 걷기, 좌우로 걷기, 뛰기, 손 흔들며 걷기 등이다.

④ 감정표현
즐거운 모습, 웃는 모습, 우는 모습, 화난 모습, 생각하는 모습 등이다.

3) 그림자 인형 연기법

그림자 인형은 빛을 비추어 실루엣으로만 아름다움을 표현하므로 환상적이다. 그림자 인형 연기법은 다음과 같다.

(1) 그림자 인형 무대

그림자 인형극의 무대는 햇빛이 잘 드는 창가에 설치한다. 그리고 그림자 인형 조종 시 빛이 들어오는 창을 등지고 해야 한다.

(2) 그림자 인형 무대 조명

그림자 인형극은 무대 조명이 매우 중요하다. 무대 조명으로는 슬라이드용 환등기, 길게 구부릴 수 있는 책상용 램프, OHP 기기를 활용해도 좋다. 램프와 환등기, OHP 기기에 셀로판지, 젤라틴(조명 색종이)을 여러 겹 붙여서 비추면 아름답고 환상적인 연출을 할 수 있다. 스크린과 조명과의 거리는 무대의 폭에 따라서 달라지지만, 평균적으로 5m 간격이 필요하며, 조명의 높이는 인형을 조종하는 사람의 그림자가 투영되지 않도록 주의한다.

(3) 그림자 인형 시선

그림자 인형의 시선은 언제나 상대방에 의해 결정된다. 서로의 눈을 교감할 수 있도록 큰 인형들은 작은 인형을 위해 허리나 몸 전체를 숙이면 되고, 이와 반대로 작은 캐릭터는 몸을 뒤로 젖히거나 고개를 들면 된다. 그림자 인형의 기본적인 자세는 인형의 허리에서 결정난다(조윤진, 2015).

(4) 그림자 인형 표현법

① 그림자 인형의 조종은 스크린 뒤에서 조종하는 방법과 스크린 앞에서 조종하는 방법이 있다. 스크린 뒤에서 조종하는 방법은 스크린

뒤에서 조명을 보내는 경우인데, 스크린에 인형을 밀착시켜야 형태가 뚜렷이 나타나게 된다. 스크린 앞에서 조종하는 방법은 스크린 앞에서 조명을 보내는 경우인데, 스크린 위에 그림자가 생기게 되는 경우이다(장혜순, 2009).

② 그림자 인형의 발은 공중에 떠다니지 않도록 무대 스크린의 기준선에 맞추어야 한다.

③ 그림자 인형은 그림자를 통해서 보는 것으로 빛의 성질을 잘 이용하면 효과적이다. 즉, 인형의 그림자는 스크린에 가까울수록 작지만 뚜렷하고, 스크린에서 멀어질수록 커지고 흐려진다. 이를 이용하여 인형의 등장이나 걷는 모습을 표현할 수 있다.

④ 그림자 인형은 좌우 또는 앞뒤, 위아래로 움직여 준다. 예를 들면, 걸음을 걸을 때는 왼쪽으로 위아래 방향, 오른쪽으로 위아래 방향으로 작은 미동을 주어야 자연스러운 걷기 모양을 표현할 수 있다. 인형을 앞뒤로 바꾸어 비추면 왼편과 오른편의 모습을 표현할 수 있다.

4) 탈 인형 연기법

탈 인형은 연기자의 전신을 이용하므로 무대가 크다. 그에 맞는 탈 인형 연기법은 다음과 같다.

(1) 탈 인형 무대

탈 인형의 무대 공간은 연기자의 동선이 불편하지 않은 크기로 제작되어야 한다. 조윤진(2008)은 탈 인형의 무대 공간은 최소 가로 15m×폭 8m가 확보된 공간이 필요하며, 무대배경의 너비는 최소 10m 이상의 길이와 높이는 탈 인형의 키보다 2~3m의 여유를 두고 제작해야 한다고 보고하고 있다.

(2) 탈 인형 목소리

탈 인형극에서 나오는 목소리들은 연령대별, 남녀, 성격별 특징에 맞게 표현되어야 한다. 그리고 말의 속도가 너무 빠르면 연기가 혼란스러워질 수 있으므로 말의 속도를 느리고 천천히 표현해야 한다.

(3) 탈 인형 동선

공연 전 미리 무대장치의 위치와 연기자 자신의 동선을 점검해 보아야 한다. 옆 막은 객석에서 무대를 바라보았을 때 무대에서 왼쪽, 오른쪽에 위치한 양쪽 커튼을 가리키는데, 주로 탈 인형의 등장과 퇴장이 이루어진다. 옆 막의 안쪽 1m까지는 연기자의 연기가 진행되어야 한다. 즉, 등장 시에는 옆 막의 안쪽 부분부터 캐릭터의 걸음과 동작을 진행하며 나와야 하고, 퇴장 시에도 옆 막의 안쪽 1m까지는 연기자의 동선이 이어져야 한다. 왜냐하면, 객석의 양쪽 측면 앞자리에는 옆 막의 안쪽 부분까지도 보이기 때문이다.

(4) 탈 인형 동작

① 탈 인형 크기는 사람 머리보다 몇 배나 크다. 그렇기에 탈 인형극을 할 때는 연기자가 탈 크기와 탈 인형 몸의 비례에 맞추어 연기해야 한다. 예를 들면, 걸음걸이는 일반인의 걸음걸이보다 보폭을 크게 해야 하며, 동작도 크게 해야 한다. 그리고 연령대별, 남녀, 성격별 특징에 맞게 걸음걸이와 동작을 표현하면 꼼꼼한 캐릭터 표현이 된다.

② 탈 인형을 쓰면 시야가 좁아진다. 그렇기에 탈 인형과 탈 인형의 거리는 약 1m 정도의 거리를 두어야 서로 부딪치지 않고 시선도 겹쳐지지 않는다. 무대 바닥에 있는 물건을 주워야 할 경우에도 한 발짝 뒤로 물러나서 줍는 것이 효과적이다.

Tip 탈 인형을 썼을 때 주의사항

① 탈 인형을 쓰기 전에 반드시 화장을 지운다. 왜냐하면, 탈 인형 안쪽에 있는 내피가 지저분해지기 때문이다.
② 손으로 얼굴 부분(입과 얼굴)을 잡지 않는다. 인형의 입과 눈은 뚫려있는 부분이기 때문에 자주 잡으면 형태가 무너질 수 있게 되므로 주의하도록 한다.
③ 사람들이 있는 데서 탈을 벗지 않는다. 유아들은 탈 인형극을 보면서 인형의 캐릭터를 단순히 인형이라 생각하지 않고 살아 있는 인격체로 받아들인다. 그러므로 유아들 앞에 서서 바로 탈을 벗게 되면 유아들은 그 환상을 깨게 되고 실망한다.
④ 과격한 행동은 금한다. 탈 인형을 쓰는 순간 큰 얼굴과 몸짓은 유아들에게 위협적으로 느껴질 수 있다. 또한 의도하지 않은 행동으로 인해 유아가 다칠 수도 있다.
⑤ 탈 인형을 쓰는 순간 연기자는 극이 시작될 때부터 극이 끝날 때까지 캐릭터의 걸음과 동작을 끝까지 유지한다.
⑥ 말은 하지 않으며, 수화하듯 손짓으로 의사를 표현한다. 그리고 보조 인력을 동반하여 유아들의 짓궂은 장난을 차단하거나 의사소통을 대변하도록 한다. 왜냐하면, 탈 인형 공연은 대부분 녹음 형태로 극이 이루어지는데, 탈속에 있는 연기자가 직접 이야기를 한다면 유아들은 이질감 나는 목소리에 혼동하게 되기 때문이다. 또한 탈 인형 속에 다른 사람이 있다는 것을 알아차리고 호기심으로 탈을 벗기려 한다든지, 심지어는 공격적인 행동으로까지 이어질 수 있기 때문이다.

출처 : 조윤진(2008).

10 연출

연출은 각본(시나리오)을 잘 읽고 그 각본이 가지고 있는 내용을 이해한 다음, 그것을 어떻게 하면 관객에게 잘 전달할 수 있고 감동과 함께 재미있게 보게 할 것인가를 생각하는 작업이다. 각본에 쓰여 있는 내용과 함께 각본에 쓰여 있지 않지만 실제로 표현하는 것도 연출이 하는 일이다. 즉, 연출이란 인형극을 만들어나가는 모든 작업 진행의 전체(연기, 무대장치, 조명, 의상, 음악 등)를 총괄하는 임무를 띠며 인형극 무대의 총지휘자 역할을 한다. 특히 유아를 위한 인형극 연출은 관객과의 의사소통을 잘하기 위해서는 유아에 대한 이해와 사랑을 가지고 있어야 한다.

연출은 한 사람이 해도 되고 몇 사람이 서로 의논을 하면서 해도 된다. 어떻든 간에 계획을 잘 세워야 하고 인형극 공연을 준비하는 사람들에게 계획한 것을 잘 알리고 각자가 맡은 일이 전체 계획 중 어디에 해당하는지 알려야 한다.

Tip 연출 시 인형극 작품분석 기준

작품분석 영역	작품분석요소	세부 분석 기준
기획적 요소	인형극 대상	• 관객의 언어 수준을 고려했는가? • 관객의 이해를 돕기 위해 등장인물을 일관성 있게 표현했는가? • 관객의 수준에 맞도록 등장인물의 수를 적절히 조절했는가?
	주제, 소재, 구성	• 주제는 항구적이고 보편적인가? • 관객과의 공감대를 형성할 수 있는 주제인가? • 기승전결의 형식이 나타나는가? • 이야기는 자연스럽게 연결되는가? • 갈등은 명확하게 유지되는가?
	대본 (각본, 극본)	• 독창성과 참신성을 가지고 있는가? • 정확하고 자연스러운 대사였는가?
예술적 요소	인형	• 주제와 내용에 맞는 인형인가? • 인형의 성격을 잘 표현했는가?
	연출	• 작가의 의도에 따라 연출했는가? • 무대의 제반 요소를 예술적으로 조화시켰는가?
	공연시설 (무대, 조명, 음향)	• 무대장치는 작품 내용과 일치하는가? • 무대장치는 개성적인가? • 무대장치는 통일성이 있는가? • 조명은 극의 내용이나 형식에 맞는가? • 음향효과가 극적 이미지를 상승시켰는가?
교육적 요소	교육성	• 관객에게 교육적이고 감동을 주었는가?
	흥미성	• 관객에게 흥미로운 작품이었는가?
	상상력과 창의성	• 상상력과 창의성은 어떠한가?

출처 : 이경옥(2008).

연구문제

1. 유아를 위한 인형극 제작과정에 대해 설명해 보자.

2. 유아를 위한 인형극 공연에 적합한 동화를 선정하여 각본을 구성해 보자.

3. 인형의 종류에 따른 인형 연기법을 이해하고, 직접 조종해 보자.

4. "유아를 위한 인형극 공연" 관련 동영상을 감상하고, 어떻게 연출했는지 설명해 보자.

5. 유아를 위한 인형극 공연을 계획하고, 연출하여 직접 공연해 보자.

Chapter 04

다양한 인형 제작법

1. 막대 인형 제작법
2. 손 인형 제작법
3. 줄 인형 제작법
4. 그림자 인형 제작법
5. 탈 인형 제작법

학습목표

- 막대 인형 제작과정에 대해 설명할 수 있다.
- 손 인형 제작과정에 대해 설명할 수 있다.
- 줄 인형 제작과정에 대해 설명할 수 있다.
- 그림자 인형 제작과정에 대해 설명할 수 있다.
- 탈 인형(스펀지 활용) 제작과정에 대해 설명할 수 있다.
- 탈 인형(천 활용) 제작과정에 대해 설명할 수 있다.
- 다양한 인형을 제작할 수 있다.

핵심개념

- 막대 인형
- 손 인형
- 줄 인형
- 그림자 인형
- 탈 인형

이 장에서는 유아가 제작할 수 있는 다양한 인형, 교사가 제작할 수 있는 다양한 인형, 다양한 인형의 예를 제시하였다.

1 막대 인형 제작법

1) 유아가 제작할 수 있는 막대 인형

유아들이 손쉽게 제작할 수 있는 막대 인형은 다양하다. 그중에서 그림 또는 사진, 종이 접시, 편지 봉투, 과일 및 야채를 활용한 막대 인형을 소개하자면 다음과 같다.

① 그림 또는 사진을 활용한 막대 인형

유아들이 그린 그림 뒷면에 막대(나무젓가락, 긴 빨대, 수수깡, 하드보드지 막대, 나뭇가지 등)를 붙여서 만들 수 있다. 또는 우리 주변에서 구할 수 있는 잡지, 신문 등에서 필요한 인물, 동물, 기타 소품의 사진, 그림을 오린 뒷면에 막대를 붙여서 만들 수 있다.

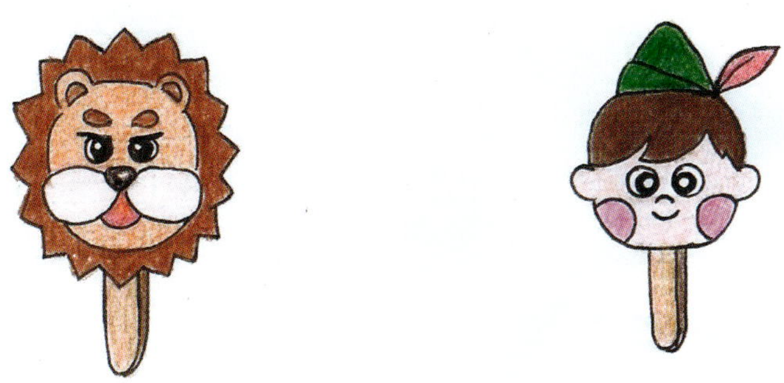

② 종이 접시를 활용한 막대 인형

종이 접시 2장을 준비하여 양쪽 면에 한 면씩 그림을 그린다. 그리고 긴 막대를 종이 접시 사이에 끼우고 풀이나 접착제를 붙이면 된다.

③ 편지 봉투를 활용한 막대 인형

다양한 크기의 봉투를 이용하여 그 속에 휴지를 채워 넣고 막대를 끼워서 봉투 끝을 테이프로 고정하면 된다. 또는 편지 봉투에 그림을 그려서 막대를 붙이면 된다.

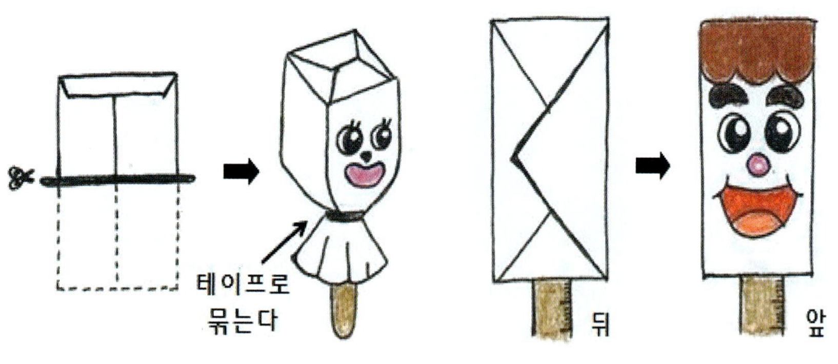

④ 과일 및 야채를 활용한 막대 인형

과일이나 야채를 준비하고 다양한 재료를 활용해 꾸미거나 얼굴을 꾸며서 막대를 끼우면 된다.

2) 교사가 제작할 수 있는 막대 인형

(1) 준비물

스케치 도구, 조종대(PVC 파이프 혹은 나무막대), 전기 테이프, 강철사, 니퍼, 본드 또는 글루건, 인형의 특징을 살릴 수 있는 여러 가지 재료(다양한 색깔의 천, 부직포, 펠트지, 단추 등), 바늘, 실, 시침핀, 가위, 솜, 분장용 도구(크레파스, 파스텔) 등

(2) 참고사항

① 인형을 제작할 때 사용할 수 있는 준비물은 일상생활 주변에서 볼 수 있는 다양한 재료를 활용하면 된다. 예를 들면, 인형의 특징을 살리기 위하여 다양한 색깔의 천을 사용할 경우 가정에서 입지 않는 옷, 구멍 난 양말, 사용하지 않는 수건이나 손수건 등을 활용해도 효과적이다.

② 얇은 천은 바느질할 때 올이 풀리는 경우가 발생하므로 주의한다. 올이 풀릴 것 같으면 라이터로 끝부분을 살짝 그슬려 준다.

③ 인형 조종에 사용할 수 있는 막대, 강철사의 두께와 길이는 인형의 크기에 따라 다르다. 인형의 길이를 세로 50cm 정도 기준으로 했을 때는 다음과 같다. 막대 길이는 인형의 머리에서 아래 옷 끝자락 밑으로 30cm 더 길게 자른다. 그리고 막대 지름은 2.5cm가 손

으로 잡기에 적당하다. 강철사의 두께는 2mm나 3mm 정도가 적당하며, 길이는 40cm 이하가 적당하다.

④ 철사는 잘 휘어지지 않고 단단한 것으로 사용한다.

(3) 제작법

「산속의 우체통」 극 중에서 산토끼 할아버지, 여우를 중심으로 제작법을 소개하고자 한다.

① 동화책은 막대 인형에 적합한 것을 선정한다.

② 인형의 특징(성격)을 잘 살려서 스케치하여 색칠한다.

- 인형을 스케치하고 색칠하는 이유는 구체적인 작업을 계획하기 위해서이다. 즉, 인형의 특징(성격)을 살리기 위하여 얼굴 윤곽, 눈썹, 눈, 입술 모양, 의상 색깔, 소품 등을 계획하기 위해서이다.
- 인형을 스케치할 때는 천에 솜을 넣으면 작아지는 것을 고려하여 실제로 제작할 인형의 크기보다 조금 크게 그리는 것이 효과적이다.
- 인형의 팔은 무릎길이 정도로 길게 그려서 제작하여야 조종하기가 편리하다.

③ 인형을 제작하는 데 필요한 준비물은 스케치한 것을 참고하여 준비한다.

스케치할 도구(스케치북)

스케치할 도구
(연필, 색연필, 싸인펜 등)

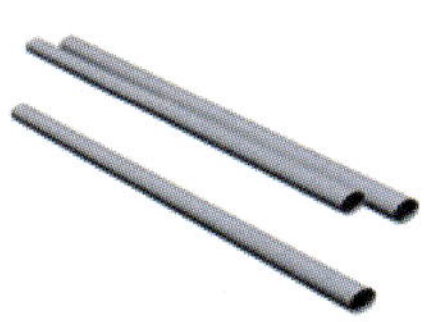

PVC 파이프

전기테이프

강철사

니퍼

글루건

여러 색깔의 천

여러 색깔의 펠트지

단추

바늘, 실

시침핀

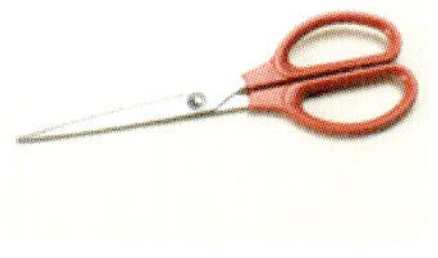

가위

솜

분장용 도구(파스텔)

분장용 도구(크레파스)

④ 스케치한 인형의 신체 각 부위를 오린다. 그리고 두 장 겹친 천에 오려진 인형의 신체 각 부위의 본을 대고 그린 후, 시접분을 그린다.

- 인형 신체 각 부위의 본에 신체 부분 명칭을 적어 두면 분실되거나 혼란스럽지 않다.
- 막대가 들어가는 부분, 바느질 후 뒤집어야 하는 부분은 미리 표시해 둔다.
- 우리의 신체는 직각으로 각이 진 곳이 없고 모두 원형 아니면 타원형이므로 둥글게 만드는 것이 좋다.

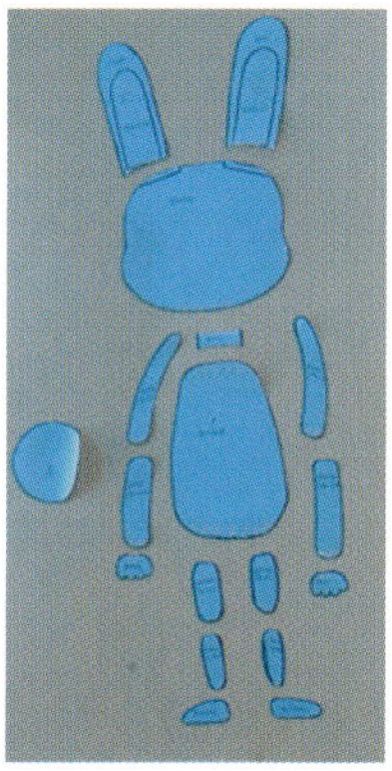

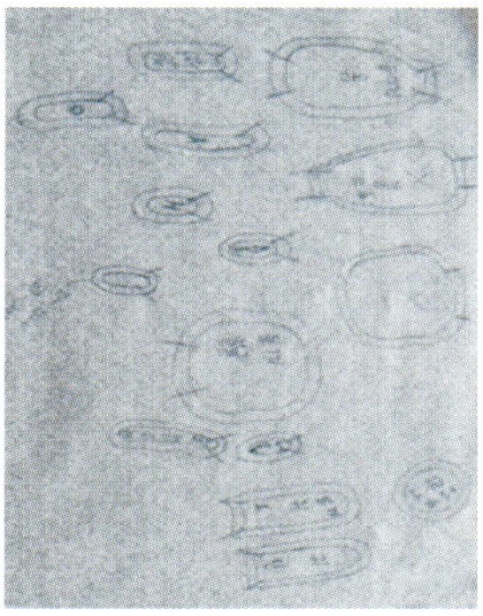

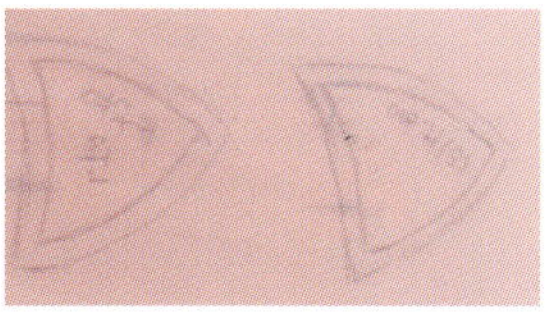

⑤ 완성선에서 시접 분을 남기고(직선 : 1~1.2cm, 곡선 : 0.7cm) 자른다.

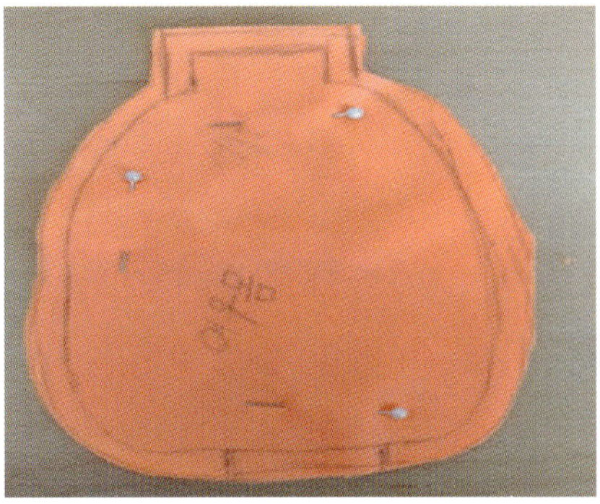

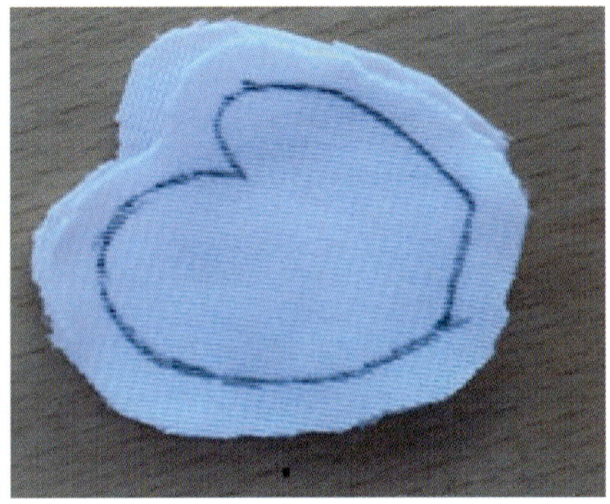

⑥ 바느질한다.

- 바느질은 솜을 넣을 수 있는 부분은 남겨 두고 완성선에 따라 박음질한다. 솜 넣을 부분은 미리 표시해 두어 바느질하는 실수가 생기지 않도록 한다.
- 인형의 머리 아래쪽, 몸통 위쪽과 아래쪽 중간 부분에는 조종대(PVC 파이프, 혹은 나무 막대)를 넣어야 하므로 공간을 남겨 둔다.

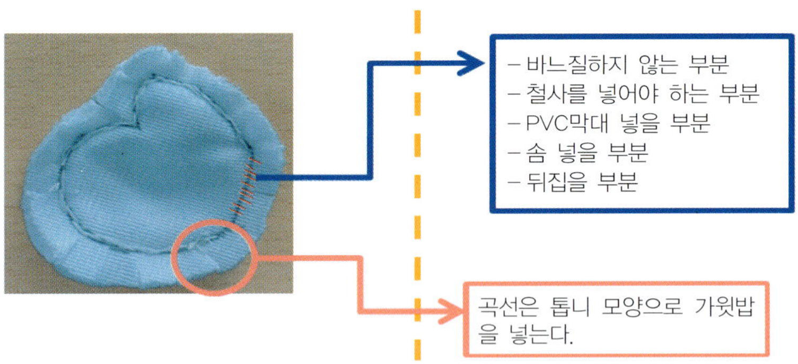

⑦ 인형의 신체 각 부위는 바느질한 완성선을 따라 뒤집는다. 그리고 솜을 넣은 후 공그르기로 마무리한다.

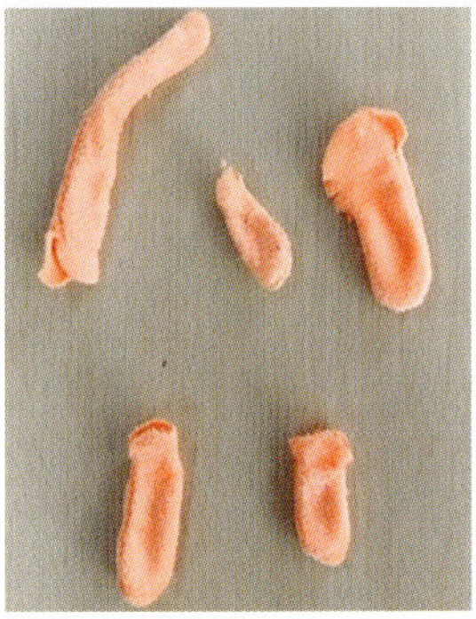

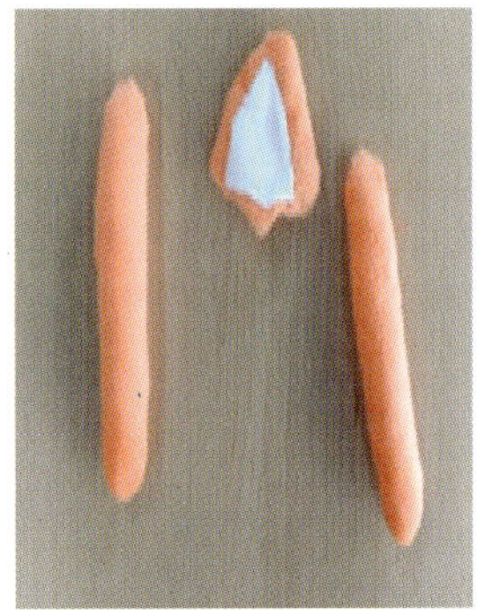

⑧ 인형의 신체 각 부위를 연결하고 눈, 코, 입을 붙인다(바느질 : 공그르기).

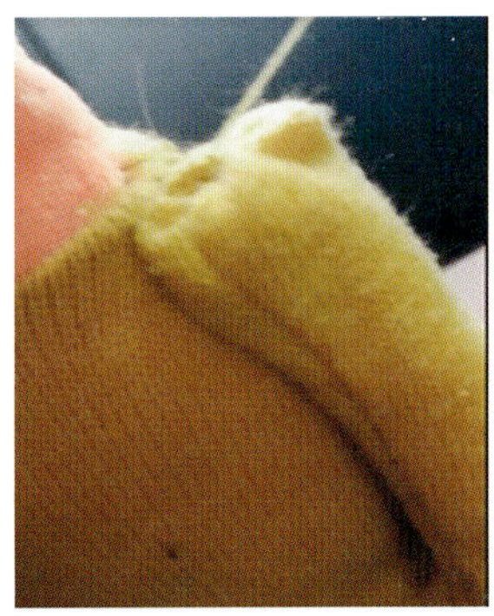

⑨ 발 아래에는 곡식, 모래, 점토 등을 넣어서 무게감을 준다.

• 산토끼 할아버지 신발
  – 신발 안에 곡식, 모래, 점토 등을 넣어서 무게감을 준다.
  – 바느질은 버튼홀 스티치로 한다.

⑩ 인형의 옷은 인형의 특징(성격)에 맞게 만든다.

⑪ 인형의 얼굴과 몸통에는 조종대를 연결한다.

• 조종대(PVC 파이프 혹은 나무막대)는 검정색 전기테이프로 감싼다.
• 조종대에 본드를 묻혀 인형의 얼굴과 몸통을 연결한다. 얼굴과 몸통을 연결한 부분에 막대가 보이는 경우에는 목걸이, 리본, 스카프, 넥타이 등을 만들어 붙이면 자연스럽다.

⑫ 인형의 손에는 철사를 연결한다.

- 인형의 양손에 검정색 전기테이프로 감싼 철사를 연결한다. 철사의 끝부분은 조종자가 잡을 수 있도록 둥글게 꼬아준다.
- 인형 손 옆의 재봉선은 철사가 들어갈 정도로 뜯어내어 본드 칠한 철사를 넣는다. 이때 엄지와 손바닥 사이 홈 부분에 동그랗게 구부린 철사가 오게 한다.
- 동그란 철사 부분은 바느질하여 고정해 준다.

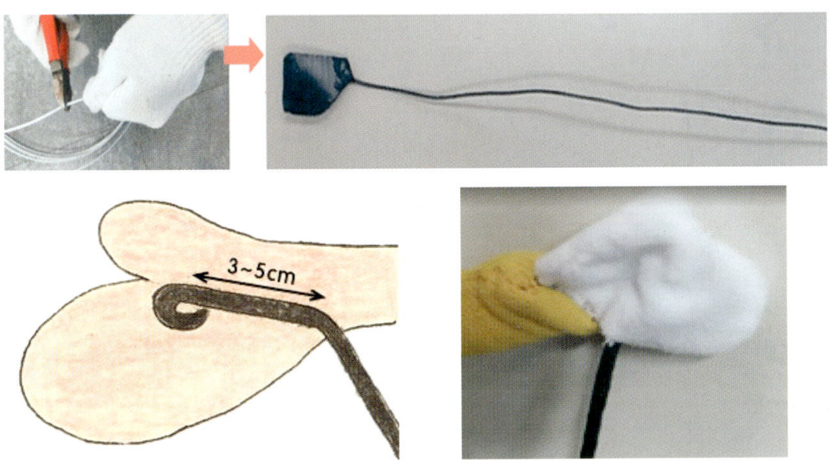

⑬ 완성한 막대 인형

- 인형 얼굴에 파스텔 또는 크레파스를 활용하여 인형의 특징에 맞

게 분장을 한다.

3) 교사가 제작할 수 있는 다양한 막대 인형의 예

「뚱보가 된 백설 공주」
극 중에서
날씬한 백설 공주

「뚱보가 된 백설 공주」
극 중에서
뚱뚱한 백설 공주

「뚱보가 된 백설 공주」
극 중에서
엄마

「뚱보가 된 백설 공주」
극 중에서
왕자

「뚱보가 된 백설 공주」
극 중에서
거울

「첫! 어떻게 알았지」
극 중에서
빨간모자

「첫! 어떻게 알았지」
극 중에서
늑대

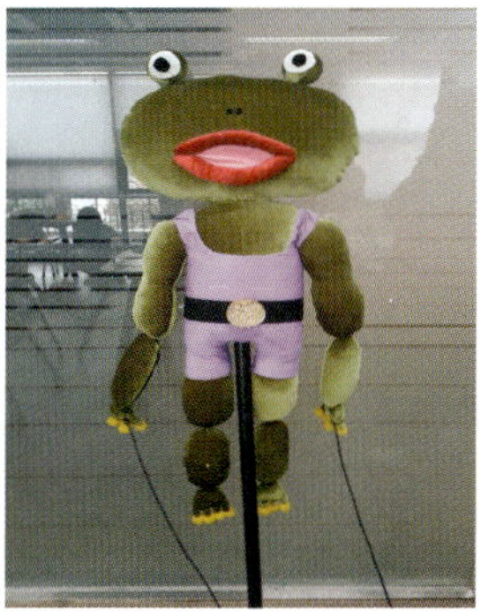

「첫! 어떻게 알았지」
극 중에서
개구리

「첫! 어떻게 알았지」
극 중에서
고양이

「빨간모자」
극 중에서
늑대

「빨간모자」
극 중에서
할머니

「빨간모자」
극 중에서
빨간모자

「혹부리 영감」
극 중에서
혹부리 영감

「혹부리 영감」
극 중에서
도깨비

「방귀」
극 중에서
고티에

「마법사 유치원 선생님」
극 중에서
선생님

「마법사 유치원 선생님」
극 중에서
유아

「피터팬」
극 중에서
팅커벨, 피터팬

「토끼의 재판」 극 중에서 호랑이, 소나무1, 소나무2, 나그네, 토끼

2 손 인형 제작법

1) 유아가 제작할 수 있는 손 인형

유아들이 손쉽게 제작할 수 있는 손 인형 중에서 종이상자, 종이봉투를 활용한 손 인형을 소개하면 다음과 같다.

① 종이상자를 활용한 손 인형

종이상자에 다양한 재료를 활용하여 꾸민 후 손을 넣어 움직인다.

② 종이봉투를 활용한 손 인형

종이봉투를 거꾸로 하여 표정을 나타내기 위해 털실, 헝겊, 부직포 등 다양한 재료를 붙인 후 손을 넣어 움직인다.

2) 교사가 제작할 수 있는 손 인형

손 인형은 상품화되어서 많이 판매되고 있다. 그래서 여기서는 양말을 활용하여 간단하게 제작할 수 있는 손 인형을 소개하고자 한다.

(1) 준비물

양말, 가위, 두꺼운 종이(하드보드지), 본드 또는 글루건, 색지, 펠트지, 손 인형을 꾸밀 수 있는 다양한 재료들

양말

가위

두꺼운 종이
(하드보드지)

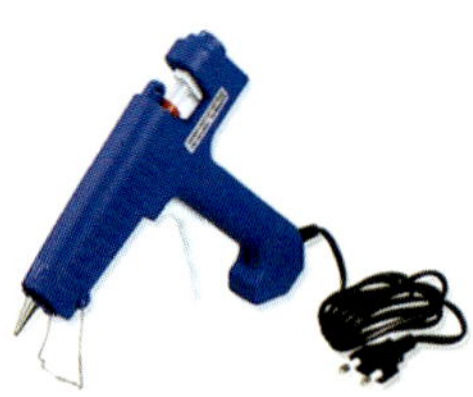

글루건

색지

펠트지

손 인형을 꾸밀 수 있는 다양한 재료들(뽕뽕, 장식용 리본, 눈알)

(2) 참고사항

인형을 제작할 때 사용할 수 있는 준비물은 일상생활 주변에서 볼 수 있는 다양한 재료를 활용하면 된다.

(3) 제작법

① 헌 양말을 한 짝 준비하여 양말의 발가락 부분을 인형의 입이 되도록 가위로 자른다.

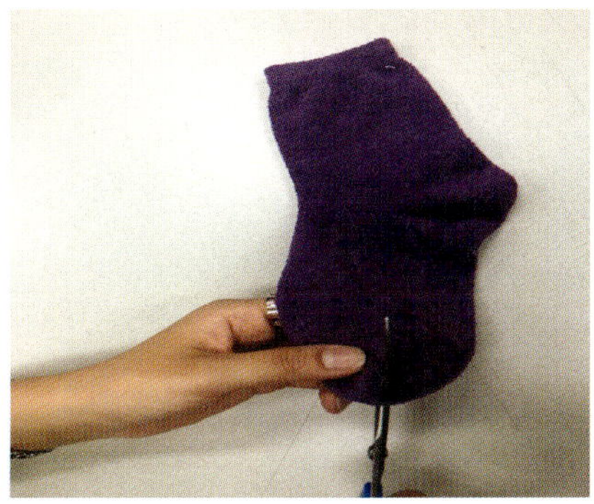

② 두꺼운 종이(하드보드지 등)에 입의 크기에 맞도록 그려서 오린다.

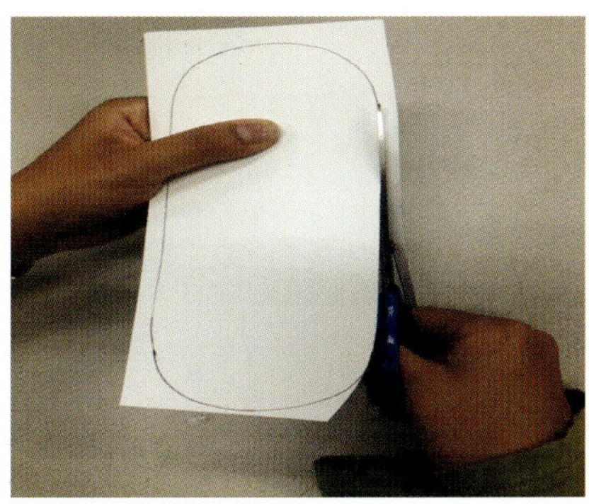

③ 오린 입 모양과 가위로 자른 양말의 발가락 부분을 본드로 붙여 준다.

④ 입 모양의 크기에 맞게 헝겊(또는 펠트지, 색지)을 오려서 붙인다.

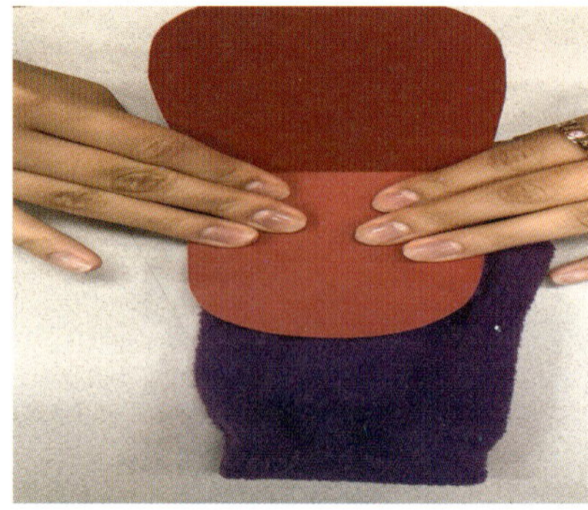

⑤ 인형의 캐릭터에 맞게 꾸며준다.

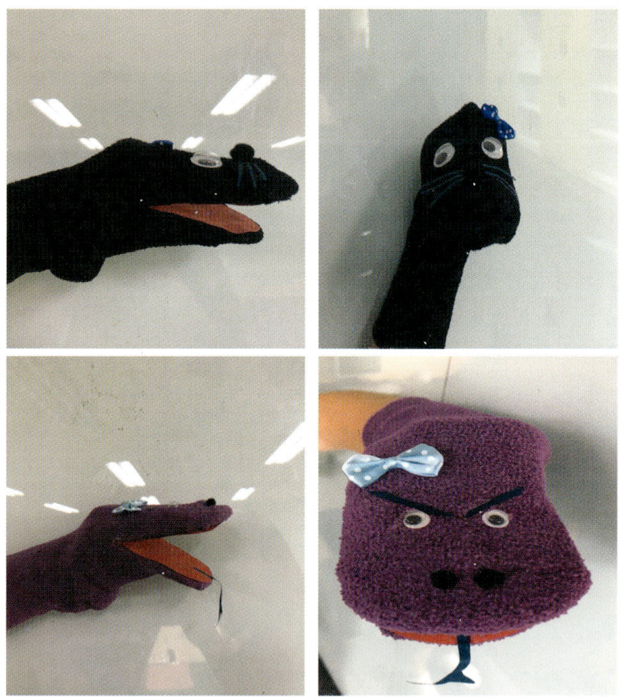

3) 교사가 제작할 수 있는 다양한 손 인형의 예

3 줄 인형 제작법

1) 유아가 제작할 수 있는 줄 인형

유아들이 제작할 수 있는 줄 인형은 다양하다. 그중에서 풍선, 스티로폼 공, 종이컵을 활용한 줄 인형을 소개하면 다음과 같다.

① 풍선을 활용한 줄 인형

풍선 한 개를 불어서 동그랗게 만든 후 두 줄로 연결한 막대에 묶으면 된다. 인형의 캐릭터에 맞게 풍선 위에 다양한 재료(부직포, 펠트 천, 눈알 등)를 활용하여 붙인다. 붙이는 접착제는 고무용 접착제를 사용한다.

② 스티로폼 공을 활용한 줄 인형

캐릭터에 맞게 스티로폼 공을 연결하여 만든 후 줄로 연결한 막대에 묶으면 된다. 인형의 캐릭터에 맞게 스티로폼 공 위에 다양한 재료를 활용하여 꾸민다.

③ 종이컵을 활용한 줄 인형

캐릭터에 맞게 종이컵을 연결하여 만든 후 줄로 연결한 막대에 묶으면 된다. 인형의 캐릭터에 맞게 종이컵 위에 다양한 재료를 활용하여 꾸민다.

2) 교사가 제작할 수 있는 줄 인형

(1) 준비물

스케치 도구, PVC 파이프 혹은 막대, 전기테이프, 본드 또는 글루건, 다양한 색깔의 천(인형의 특징을 살릴 수 있는 천), 바늘, 실, 가위, 글루건, 솜, 시침핀, 분장용 도구(크레파스, 파스텔) 등

(2) 참고사항

① 줄 인형 제작법은 막대 인형 제작법과 같다. 다만 줄 인형은 위에서 조종하기 때문에 조종대에 낚싯줄을 연결하는 점과 막대 인형은 아래에서 조종하기 때문에 조종대로 철사 또는 PVC 파이프를 활용하는 점이 다르다.

② 줄 인형에 연결하는 낚싯줄은 3~4호 정도의 호수면 가능하다. 그러나 인형의 크기에 따라 다를 수 있다.

③ 줄 인형은 신체 각 부위(관절)를 따로 도안하고 제작하여야 한다. 왜냐하면, 인형의 신체 각 부위(관절)에 낚싯줄을 연결해야 움직임이 생동감 있기 때문이다.

④ 줄 인형을 보관할 때는 낚싯줄 사이에 딱딱한 종이나 플라스틱에 끼워 보관하면 줄이 엉키는 것을 방지할 수 있다.

(3) 제작법

「멍텅구리 도깨비」 극 중에서 도깨비, 나무꾼을 중심으로 제작법을 소개하고자 한다.

① 동화책을 줄 인형에 적합한 것으로 선정한다.

② 인형의 특징(성격)을 잘 살려서 스케치하여 색칠한다.

- 제작할 인형을 스케치하고 색칠하는 이유는 구체적인 작업을 계획하기 위해서이다. 즉, 인형의 특징(성격)을 살리기 위하여 얼굴 윤곽, 눈썹, 눈, 입술 모양, 의상 색깔, 소품 등을 계획하기 위한 것이다.
- 인형을 스케치할 때는 실제로 제작할 인형의 크기보다 조금 크게 그리는 것이 효과적이다. 왜냐하면, 제작할 인형의 천에 솜을 넣으면 작아지기 때문이다.
- 인형의 팔은 무릎길이 정도로 길게 그려서 제작하여야 조종하기가 편리하다.

③ 인형을 제작하는 데 필요한 준비물은 스케치한 것을 참고하여 준비한다.

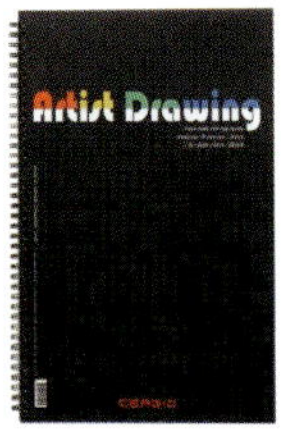

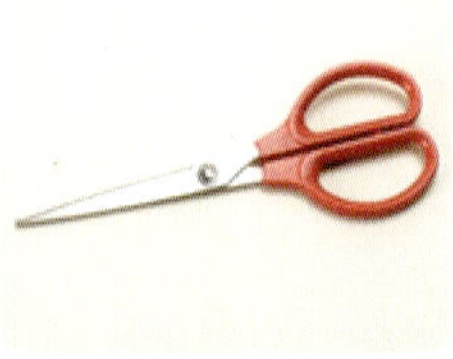

스케치 도구(스케치북, 연필, 색연필) 가위

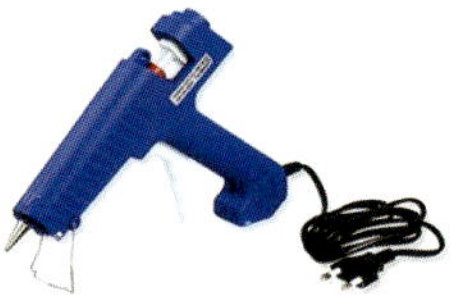

솜 낚싯줄 본드 또는 글루건

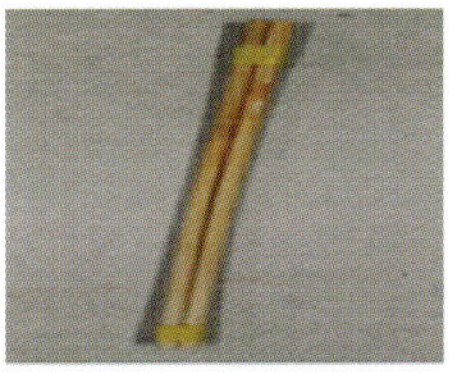

조종대(나무막대) 인형의 특징을 살릴 수 있는 재료(수건, 옷)

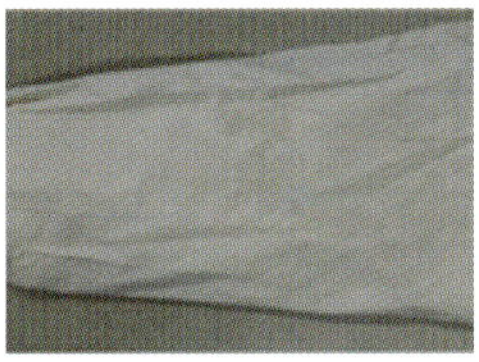

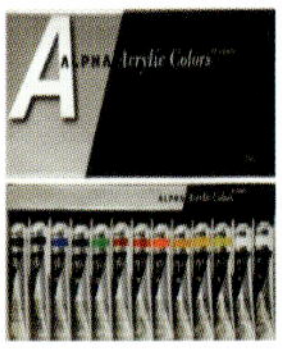

인형의 특징을 살릴 수 있는 재료(광목천, 수세미, 털실, 아크릴 물감)

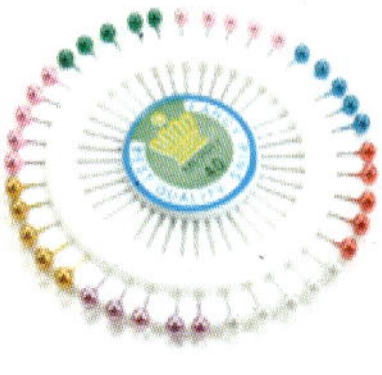
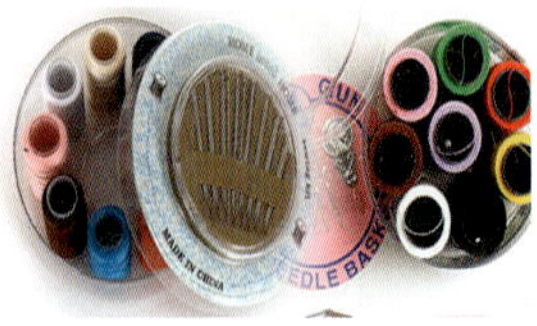

시침핀 바느질 도구 분장용 도구

④ 스케치한 인형의 신체 각 부위를 오린다. 두 장 겹친 천에 오려진 인형의 신체 각 부위의 본을 대고 그린 후 시접분을 그린다.

- 인형의 신체 각 부위에 신체 부분의 명칭을 적어 두면 혼란스럽지 않다.
- 우리의 신체는 직각으로 각이 진 곳이 없고 모두 원형이 아니면 타원형이므로 둥글게 만드는 것이 좋다.

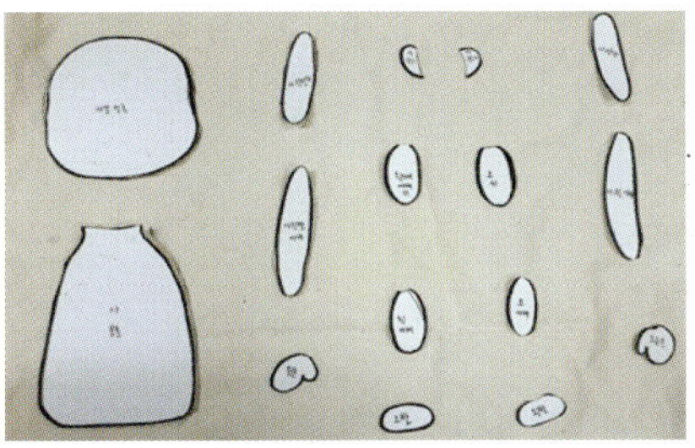
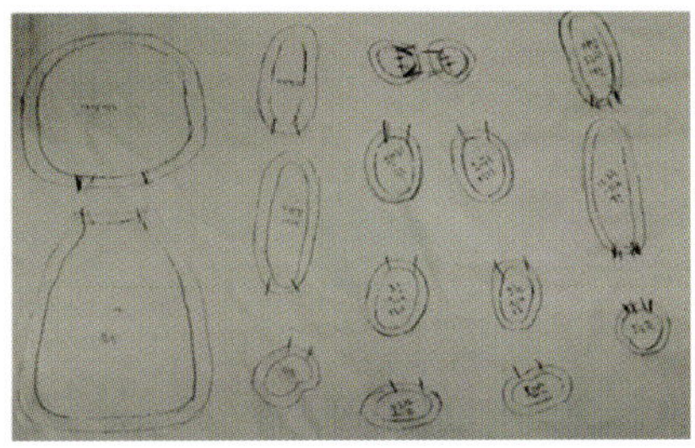
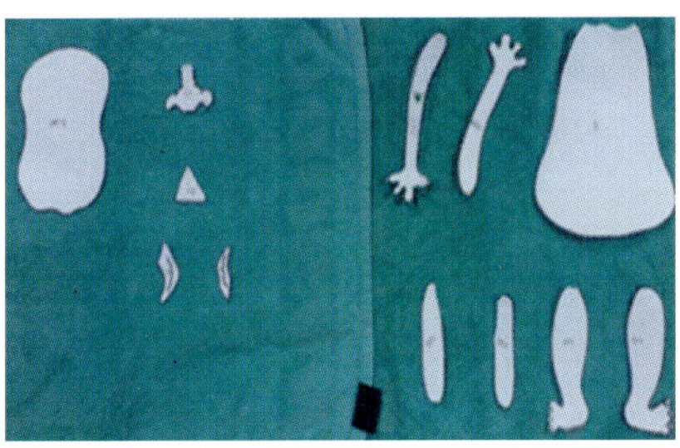
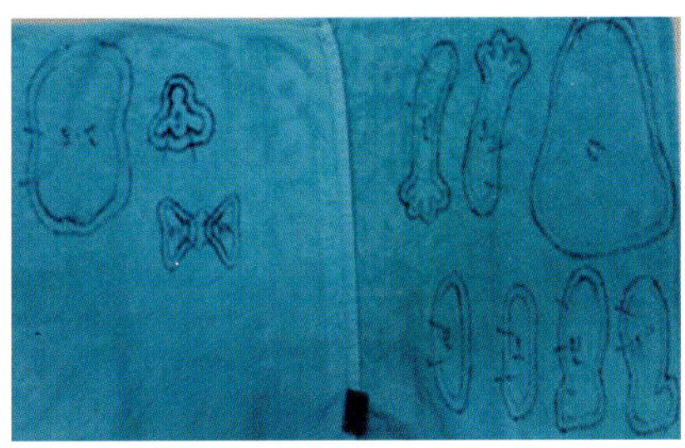

⑤ 완성선에서 시접분을 남기고(직선 : 1~1.2cm, 곡선 : 0.7cm) 자른다.

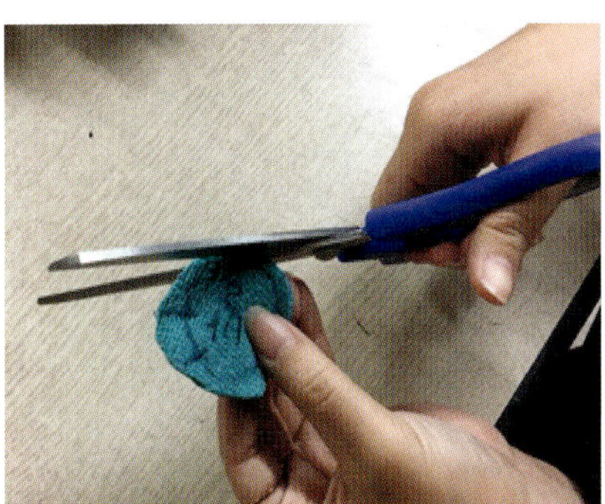
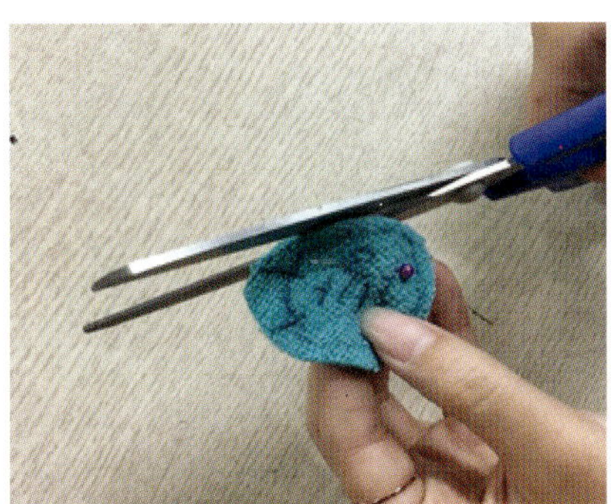

⑥ 바느질한다(박음질).

- 바느질은 솜을 넣을 수 있는 공간을 남겨 두고 완성선에 따라 한다. 이때 솜을 넣을 부분은 미리 표시해 두어 바느질하는 실수가 생기지 않도록 한다.

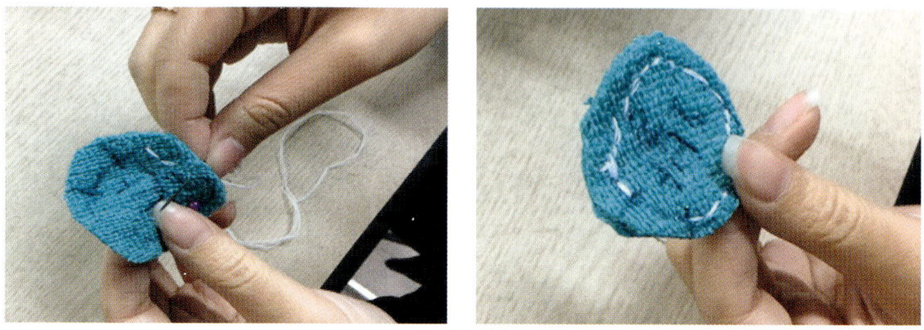

⑦ 인형의 신체 각 부위는 바느질한 완성선을 따라 뒤집는다. 그리고 솜을 넣은 후 공그르기로 마무리한다.

- 인형 몸통 전체에 솜을 많이 넣으면 움직임이 둔해 보이므로 적당히 볼륨만 준다.
- 발 아래에 곡식, 모래, 점토 등을 넣어서 무게감을 준다.

⑧ 인형의 신체 각 부위를 바느질(공그르기)로 연결하고, 눈, 코, 입을 붙인다.

- 인형의 신체 각 부위(관절)는 소시지 모양으로 연결해 주어야 움직임이 자연스럽다.
- 줄 인형의 팔 길이는 보통 인형을 제작하는 것보다 길게, 굵기는 가늘게 만든다.

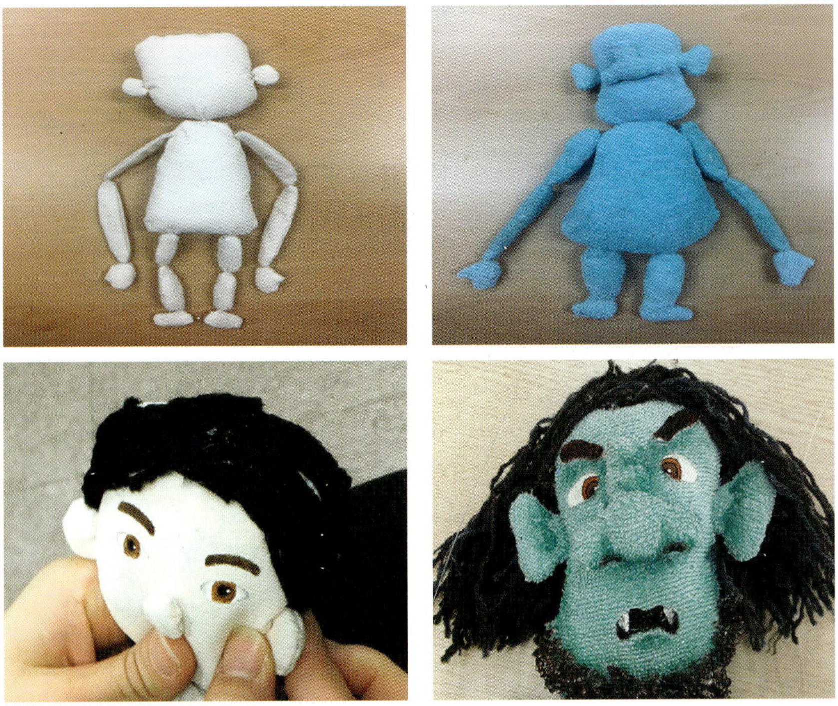

⑨ 인형 옷은 인형의 특징(성격)에 맞게 만든다.

⑩ 조종대에 인형을 낚싯줄로 연결한다.

- 조종대는 PVC 파이프 또는 나무막대를 이용한다.
- 낚싯줄을 연결하는 조종대는 일자(−) 또는 십자(+) 형태로 한다. 조종대 대신에 낚싯줄을 손가락에 끼워 조종하기도 한다.
- 인형 머리는 전체 균형을 잡는 줄이 연결되는 부분이다. 그러므로 조종대 중앙에 인형 머리 정수리 부분을 낚싯줄로 연결한다. 그리고 줄의 종류에 따라 신체 각 부위(관절)에 줄을 연결한다.
- 낚싯줄의 길이는 조종자의 가슴에 조종대를 수평으로 잡았을 때, 인형이 정자세로 서 있을 수 있는 길이가 적당하다. 즉, 인형의 두 손은 밑으로 내려오고, 발은 무대 바닥에 닿는 길이여야 한다.

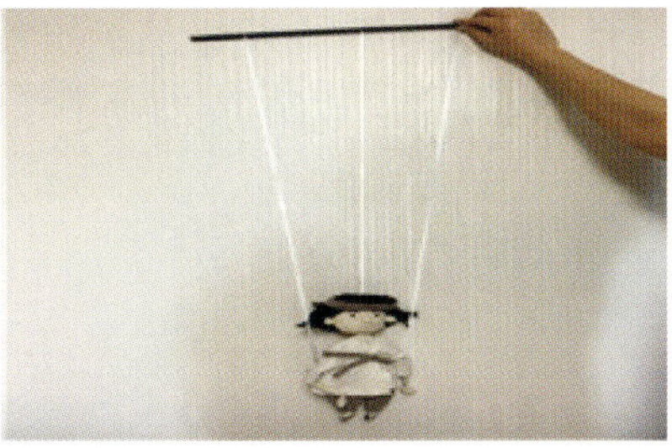

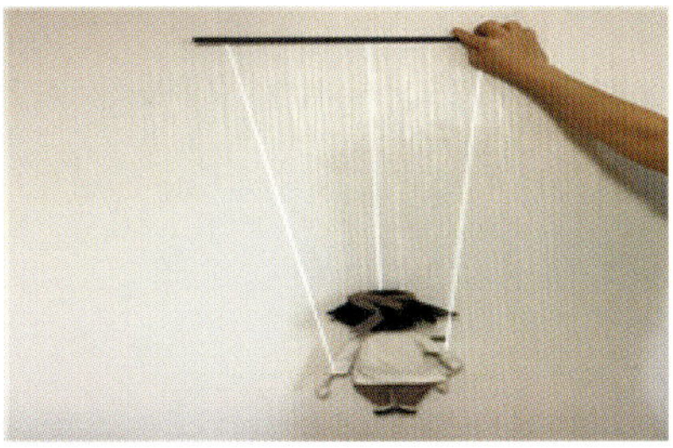

⑪ 완성한 줄 인형

- 인형 얼굴은 파스텔 또는 크레파스를 활용하여 인형의 특징에 맞게 분장을 한다.

3) 교사가 제작할 수 있는 다양한 줄 인형의 예

「피터팬」
극 중에서
피터팬

「성냥팔이 소녀」
극 중에서
소녀

「은혜를 갚은 두꺼비」
극 중에서
나그네

「날아라 호빵맨」
극 중에서
세균맨

「날아라 호빵맨」
극 중에서
호빵맨

「빨강모자」
극 중에서
늑대

「빨강모자」
극 중에서
빨강모자

「우리엄빠」
극 중에서
유아

「우리엄빠」
극 중에서
유아

「피노키오」
극 중에서
피노키오

「피노키오」
극 중에서
할아버지

「피노키오」
극 중에서
피노키오

「피노키오」
극 중에서
할아버지

「피터팬」
극 중에서
후크선장

「피터팬」
극 중에서
피터팬

「팥죽호랑이와 할머니」
극 중에서
호랑이

「팥죽호랑이와 할머니」
극 중에서
할머니

「흥부와 놀부」
극 중에서
흥부

4 그림자 인형 제작법

1) 유아가 제작할 수 있는 그림자 인형

유아들이 제작할 수 있는 그림자 인형은 다양하다. 그중에서 손을 이용한 그림자 인형을 소개하면 다음과 같다.

① 유아의 손을 이용한 그림자 인형

유아의 손으로 주변이 암전된 상황에서 그림자를 만들 수 있는 광원인 실물 환등기, OHP 기기 등을 활용하여 다양한 모양을 만들 수 있다. 예를 들면 토끼, 강아지, 새 등을 만들 수 있다.

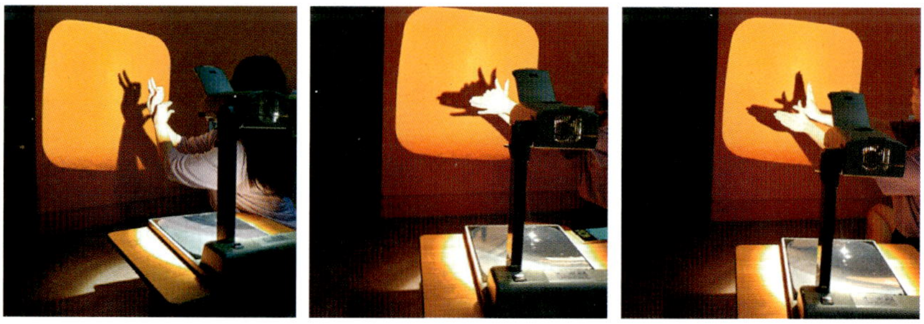

② 손을 이용한 그림자 인형 표현의 예

개

새

날으는 새

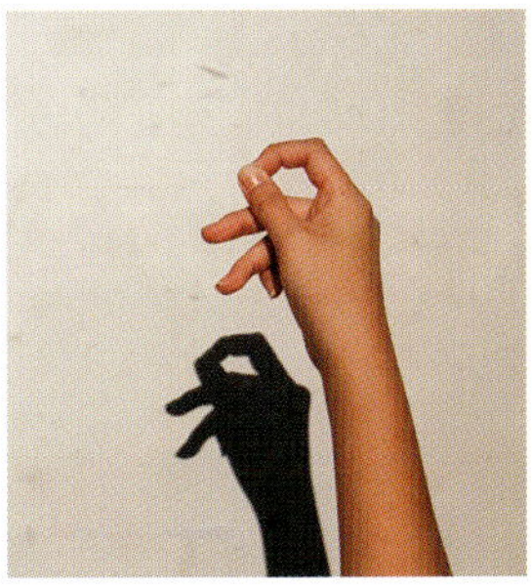

토끼

여우

숫사슴

2) 교사가 제작할 수 있는 그림자 인형

(1) 준비물

스케치 도구, 검정 하드보드지 또는 포맥스, 색 셀로판지, 칼, 가위, 아크릴 막대, 할핀, 아스테이지 또는 OHP 필름, 중간 정도의 강한 힘을 가진 철사(1~1.5mm 두께), 유성 매직, 접착제, 전기테이프(검정), 마분지, 송곳 또는 펀칭기, 복사지 등

(2) 참고사항

① 그림자 인형극은 아름다운 화면, 환상적인 색상 표현, 다양한 표현이 가능하다. 정적인 분위기에 잘 어울리며, 자연을 소재로 한 작품에 잘 어울린다.

② 그림자 인형은 손만을 사용하여 토끼, 강아지, 새 등을 만드는 전통적인 방법이 있다. 그리고 포맥스, 두꺼운 종이(마분지, 하드보드지), OHP 필름, 셀로판지 등을 활용하여 제작할 수 있다.

③ 그림자를 만들 수 있는 광원은 실물 환등기, OHP 기기 등이다.

④ 스크린에 나타나는 그림자 인형의 크기와 모양은 조명과 인형의 거리에 따라 변화시킬 수 있다.

⑤ 그림자 인형의 손잡이는 아크릴 막대나 투명한 30cm 자, 철사 등을 활용한다.

(3) 제작법

「아기돼지 삼형제」 극 중에서 늑대와 돼지를 중심으로 제작법을 소개하고자 한다.

① 동화책을 그림자 인형에 적합한 것으로 선정한다.

② 그림자 인형을 스케치한다.

- 그림자 인형은 옆모습(완전 측면)을 스케치한다. 특이한 면이 아닐 경우(꽃게는 정면 스케치가 측면보다 낫다)를 제외하고는 반드시 옆모습을 그려준다. 왜냐하면, 인형이 걷게 될 때는 고개만을 돌릴 수 없기에 꽃게처럼 옆으로 걷게 되는 이상한 장면이 연출되기 때문이다.
- 인형의 팔과 다리는 약간 구부려서 스케치하는 것이 자연스러운 느낌이 난다.
- 움직이고자 하는 부분, 색깔(셀로판지)로 표현하고자 하는 부분을 표시한다.
- 스케치한 인형은 같은 그림으로 여러 장을 복사한다.
  (동일 그림 : 최소 3장 이상 복사)

③ 인형을 제작하는 데 필요한 준비물은 스케치한 것을 참고하여 준비한다.

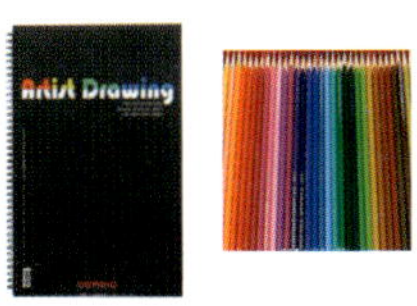

스케치 도구

검정 하드보드지

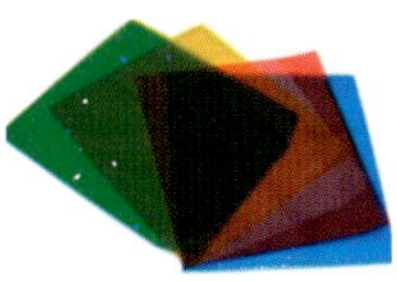

색 셀로판지

칼

가위

아크릴 막대

할핀

OHP 필름

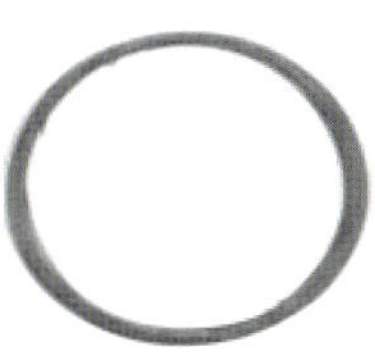

강철사
(1~1.5mm 두께)

유성 매직

접착제(풀 또는 본드)

전기테이프(검정)

마분지

송곳 또는 펀칭기

복사지

④ 그림자 인형의 앞면과 뒷면을 제작한다.

- 하드보드지에 복사한 동일 인형 그림을 2개씩 붙이고, 인형의 완성선에 따라 칼로 오린다.
- 인형의 움직이고자 하는 신체 부분은 독립적으로 분리하여 하드보드지에 붙이고, 완성선에 따라 칼로 오린다.
- 셀로판지를 붙이고자 하는 면적만큼 칼로 오려 낸다.

⑤ 한쪽 면에 셀로판지를 붙이고, 그 뒷면에 같은 모양의 인형을 붙인다.

셀로판지 붙인 면

+

셀로판지 붙이지 않은 면

=

셀로판지 붙인 면과 셀로판지 붙이지 않은 면을 합친 늑대

셀로판지 붙인 면

+

셀로판지 붙이지 않은 면

=

셀로판지 붙인 면과 셀로판지 붙이지 않은 면을 합친 돼지

⑥ 몸통과 독립적으로 오린 신체 각 부분은 송곳으로 구멍을 내고 할핀으로 연결한다.

- 할핀은 인형이 자유롭게 움직일 수 있도록 너무 세게 조이지 않도록 한다.

늑대 앞면

늑대 뒷면

돼지 앞면

돼지 뒷면

⑦ 움직이고자 하는 부분은 구멍을 내어서 철사로 연결한다. 철사의 끝부분은 둥글게 꼬아주면 조종자가 조종하기가 편리하다.

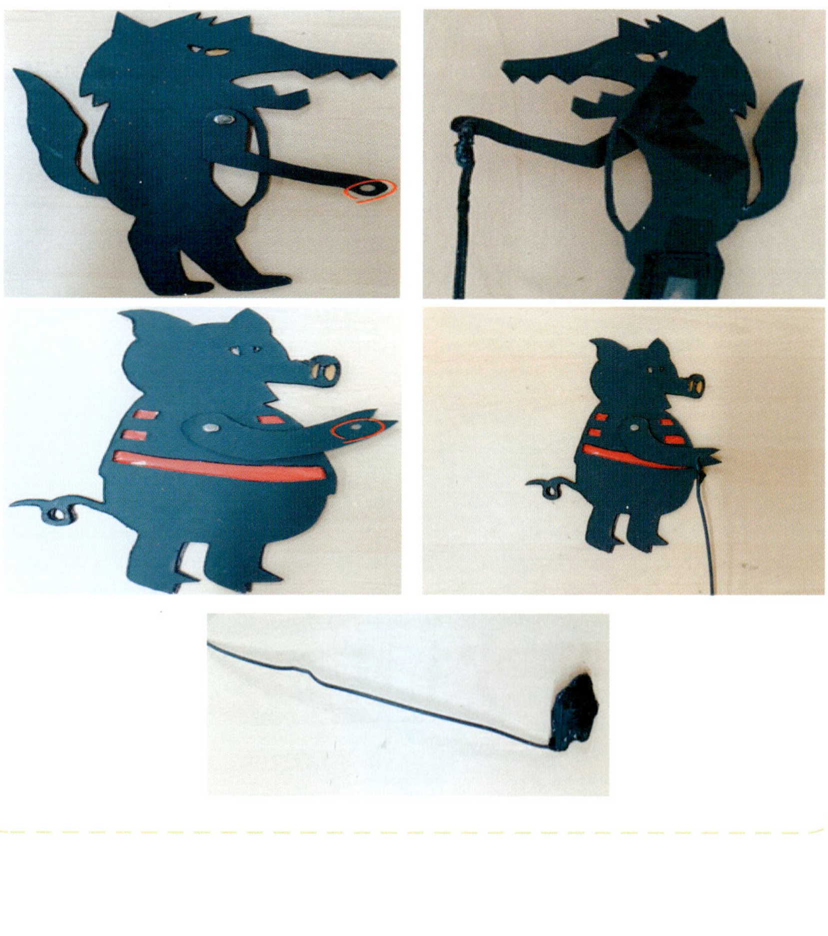

⑧ 인형의 뒷면에 아크릴 막대를 붙여서 완성한다.

- 아크릴 막대를 붙이는 위치는 그림자 인형을 어떻게 조종할지에 따라 달라진다.
- 아크릴 막대 길이와 넓이는 인형의 크기에 따라 달라진다. 아크릴의 두께는 얇은 것이 좋다(0.3~0.4cm).

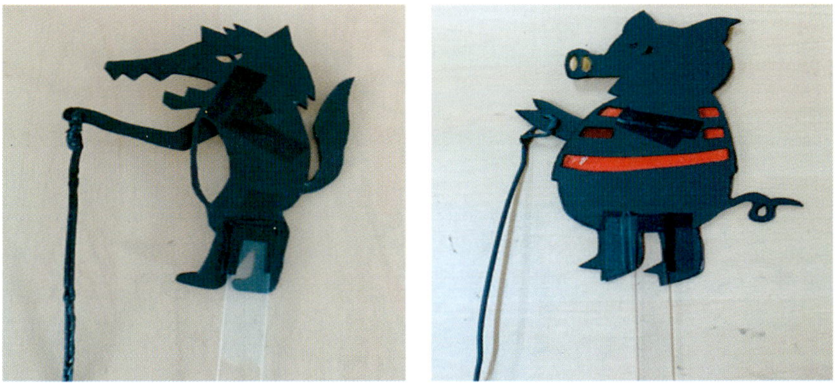

⑨ 그림자 인형극 틀은 막대나 앵글로 제작하여, 천을 붙여서 만든다.

- 그림자 인형극 틀을 제작하기 힘들다면 흰 벽을 활용하는 것도 효과적이다.
- 천은 빛이 잘 통과할 수 있도록 흰 천이 가장 좋다.

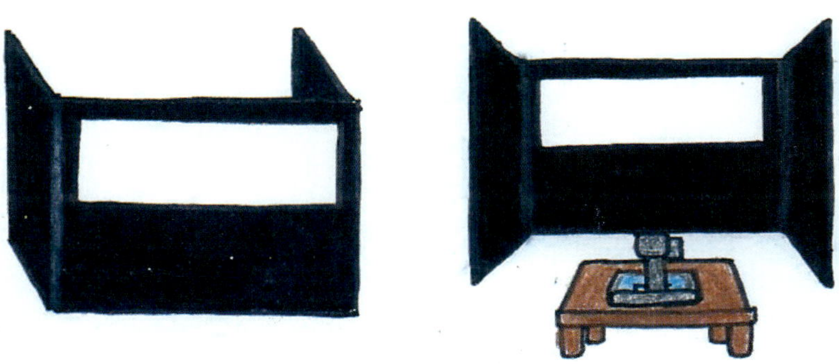

앞면　　　　뒷면

⑩ 그림자 인형 배경을 제작한다.

- OHP 필름에 유성 매직을 이용하여 그림을 그린다. 그리고 검정 마분지를 잘라서 OHP 필름 테두리에 붙인다.

Tip 그림자 인형 배경 제작 세 가지 방법

① 스크린에 직접 만들어 붙여도 된다.

② 움직이는 배경은 그림자 인형과 같은 방법으로 제작한다.

③ OHP 기기에 제작한 TP(Transparency, 투시자료)자료를 올려놓아 스크린에 투영하는 방법이 있다. 여기서 TP(Transparency, 투시자료)자료는 OHP 필름, 아스테이트지 등을 말한다. OHP 기기에 적절한 배경을 그린 TP 자료를 올려놓고 스크린이나 흰 벽에 비추면 된다.

TP 자료를 이용한 배경그림의 방법은 세 가지가 있다. 첫째, 배경그림은 유성매직을 이용하여 그릴 수 있다. 유성매직은 매직의 터치가 그대로 살아나 자연스러운 느낌을 가져다줄 수 있어 나뭇잎이나 나뭇결을 표현하는 데 적합하다. 둘째, 배경그림이 넓은 면일 경우에는 셀로판지나 OHP 필름 전용 시트지를 사용하면 효과적이다. 셋째, 컬러 프린트가 가능한 OHP 필름에 원하는 배경을 선정하여 출력하면 된다.

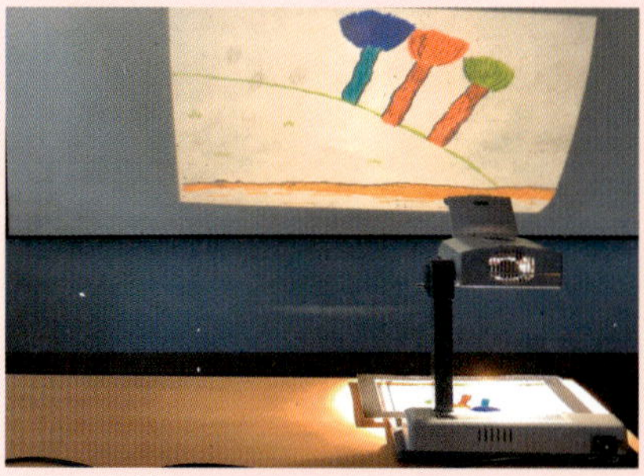

OHP 기기에 제작한 TP자료를 올려놓아 스크린에 투영하는 방법

⑪ 배경 판에 비친 완성된 그림자 인형

3) 교사가 제작할 수 있는 다양한 그림자 인형의 예

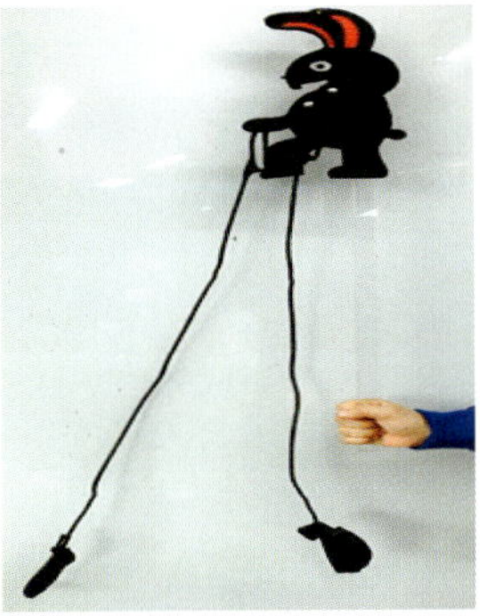

「토끼와 거북이」
극 중에서
토끼

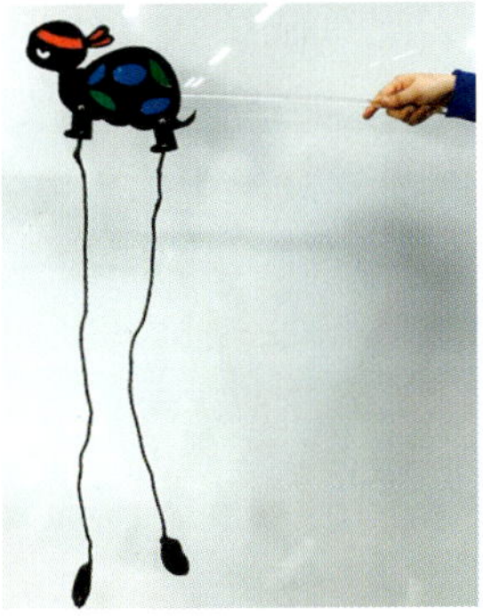

「토끼와 거북이」
극 중에서
거북이

「다람쥐가 보낸 편지」
극 중에서
다람쥐

「여우와 두루미」
극 중에서
두루미

「괴물들이 사는 나라」
극 중에서
괴물 1

「괴물들이 사는 나라」
극 중에서
괴물 2

「괴물들이 사는 나라」
극 중에서
괴물 3

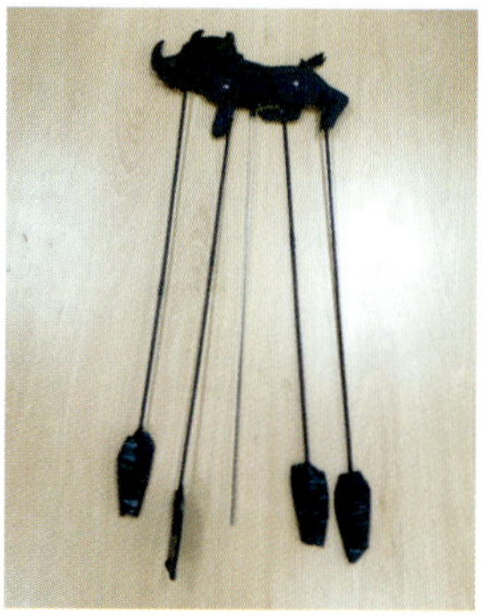

「괴물들이 사는 나라」
극 중에서
괴물 4

「빨간모자」
극 중에서
늑대

「우리는 친구」 극 중에서
오리, 곰, 토끼

「미운 오리새끼」 극 중에서
엄마 오리, 백조, 오리1, 오리2

「시끌벅적 동물 친구들」 극 중에서 하마, 코끼리, 인디언 소년

「무지개 물고기」 극 중에서 무지개 물고기, 물고기1, 물고기2, 문어

5 탈 인형 제작법

1) 유아가 제작할 수 있는 탈 인형

유아들이 제작할 수 있는 탈 인형 중에서 종이 봉지, 종이 쇼핑백, 머리띠를 활용한 탈 인형을 소개하면 다음과 같다.

① 종이 봉지, 종이 쇼핑백을 활용한 탈 인형

종이 봉지, 종이 쇼핑백에 눈, 코, 입의 구멍을 내고 크레용으로 표정을 그리면 된다.

② 머리띠를 활용한 탈 인형

유아들이 동화 속 등장인물을 얼굴 형상으로 그려서 얼굴 전체를 감싸거나 이마 부분에 머리띠를 둘러 활용하는 방법이다. 머리띠는 양쪽에 벨크로테이프를 붙여 유아의 머리 크기에 맞게 조정하면 효과적이다.

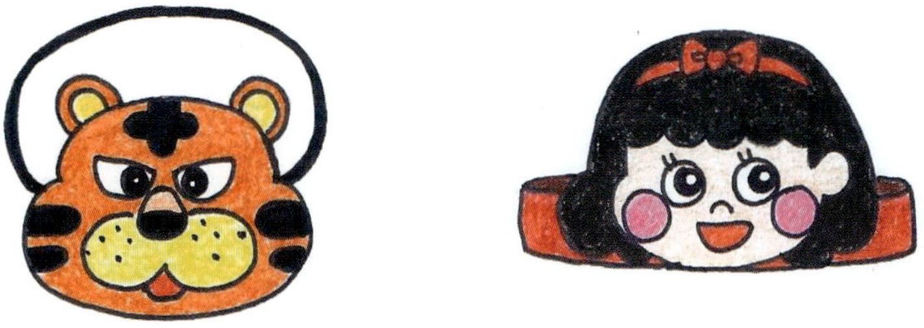

2) 교사가 제작할 수 있는 탈 인형(스펀지 활용)

탈 인형은 여러 가지 재료를 활용하여 다양한 방법으로 만들 수 있다. 여기서는 스펀지를 이용한 탈 인형을 소개하고자 한다.

(1) 준비물

스케치 도구, 스펀지(45~50cm×45~50cm), 자, 분필, 커터 칼, 공업용 접착제, 종이컵, 나무젓가락, 바늘, 실, 가위(끝이 뾰족하고 날카로운 가위), 시침핀, 플라스틱 재질의 구부러지는 책받침, 인형의 캐릭터를 빛내줄 다양한 재료들(스판, 벨벳 천 등), 분장용 도구(크레파스, 파스텔) 등

(2) 참고사항

① 탈 인형 얼굴 크기는 캐릭터에 따라 정해진다.

② 탈 인형을 제작할 때는 탈 인형 캐릭터 머리 크기와 몸의 비례를 고려해야 한다. 탈 인형의 가장 이상적인 비례는 손 인형이나 장대 인형과 마찬가지로 3등신이나 4등신이므로 단신인 사람이 쓸 때 가장 잘 어울린다(조윤진, 2008).

③ 얼굴 천은 인형의 캐릭터를 빛나게 해줄 천을 사용하며, 반드시 신축성이 있는 천을 사용한다(스판 벨벳 천, 수건 등).

④ 바느질할 때 실 색깔은 천 색깔과 같은 것으로 하는 것이 인형의 완성도가 높다.

⑤ 탈 인형의 제작 시 필요한 준비물은 일상생활 주변에서 볼 수 있는 다양한 재료들을 활용하면 효과적이다.

(3) 제작법

「커다란 순무」 극 중에서 이방을 중심으로 제작법을 소개하고자 한다.

① 동화책은 탈 인형에 적합한 것을 선정한다.

② 등장인물과 의상을 스케치하고 색칠한다.

- 인형을 스케치하고 색칠하는 이유는 구체적인 작업을 계획하기 위해서이다. 즉, 인형의 특징(성격)을 살리기 위하여 얼굴 윤곽, 눈썹, 눈, 입술 모양, 의상 색깔, 소품 등을 계획하기 위해서이다.
- 연기자의 시야는 인형의 어디를 통하여 볼 것인지 계획해야 한다. 예를 들면, 인형의 눈을 통해 볼 것인지, 인형의 입을 통해 볼 것인지 계획해야 한다.

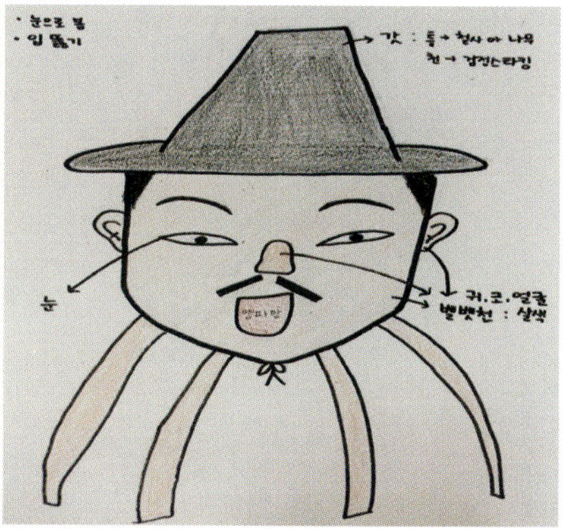

③ 스케치한 것을 참고하여 인형 제작하는 데 필요한 준비물을 준비한다.

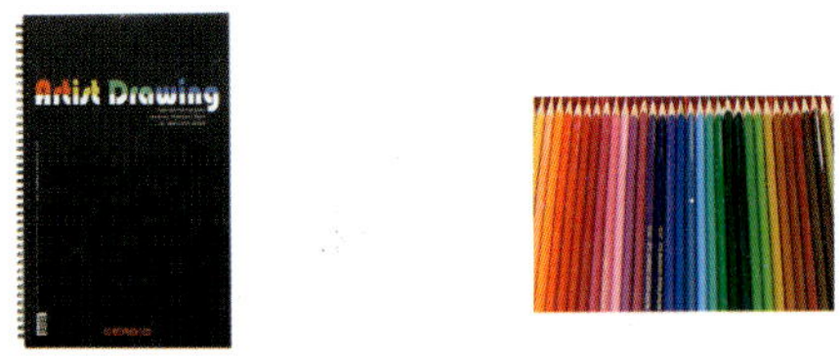

스케치 도구(스케치북, 연필, 색연필)

스펀지

자

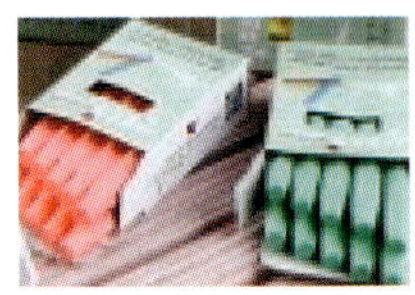

분필

커터 칼

공업용 접착제

종이컵, 나무젓가락

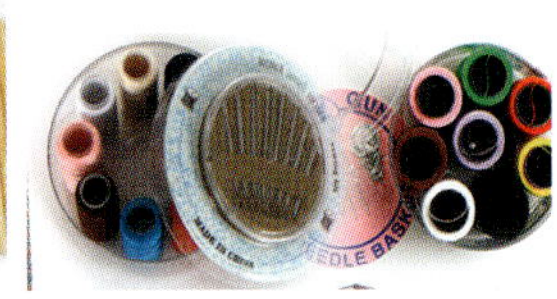

바느질 도구

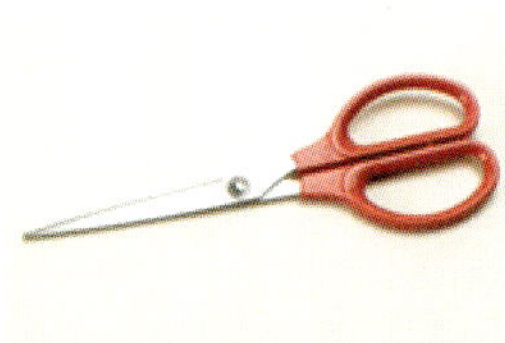

가위

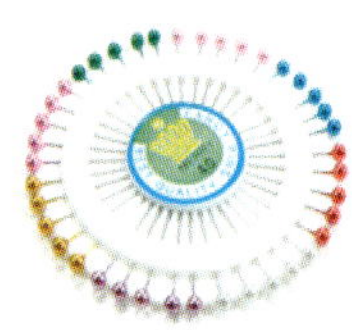

시침핀

책받침

인형의 캐릭터를 빛내줄 다양한 재료들
(스판 벨벳 천, 부직포, 검정 망사 천)

인형의 캐릭터를 빛내줄 다양한 재료들
(검정 스타킹, 양파 망)

분장용 도구(파스텔)

④ 스펀지에 십자 가이드라인을 그린다. 그리고 위, 앞, 뒤, 양옆 면에 꽉차는 원을 그린다(바닥 면 제외).

⑤ 스펀지에 그린 원그림을 기준으로 하여 위에서 아래 방향으로 깎아 나간다.

- 머릿속에 공 모양을 떠올리며 깎아 나가면 수월하다.
- 커터 칼의 심은 가장 길게 뽑아 안전하게 고정한다.
- 스펀지를 깎을 때는 팔이 좌우로 움직이는 반동에 의한다. 이때 팔 힘을 빼고 손목이 움직이지 않도록 주의한다.
- 탈 인형 얼굴 크기는 캐릭터에 따라 정해진다. 참고로 탈 인형이 너무 크면 무겁고, 탈 속 온도로 인해 탈을 쓰는 연기자가 불편하다.

⑥ 인형 얼굴 형태를 그려 넣고 깎아 나간다.

- 인형 앞 얼굴 형태를 그려 넣고, 위에서 아래방향으로 깎아 나간다(스펀지 바닥 면은 제외).
- 인형 얼굴 앞면을 옆으로 돌려 옆얼굴 형태를 그려 넣고 위에서 아랫방향으로 깎아 나간다(스펀지 바닥 면은 제외).
- 기준점이 되는 십자가 가이드라인을 그려 넣고 좌우대칭을 맞추면서 깎아 나간다.

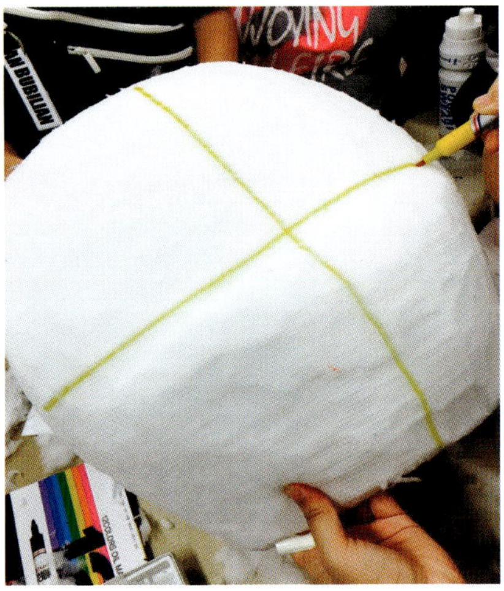

⑦ 인형 아랫면의 속을 파낸다.

- 인형 아랫면의 속을 파낼 때는 원래 그린 원의 그림보다 안쪽으로 잘라주면서 점차 넓혀가야, 완성 시 적당한 원의 크기를 만들 수 있다. 이때 얼굴 정면 부분의 면이 최대한 얇아질 수 있도록 구멍의 위치를 잡도록 한다.
- 인형 속 깊이의 조건은 다음과 같다.
  - 연기자가 인형을 써 보았을 때 머리가 들어가면서 목이 보이지 않아야 한다.
  - 연기자가 인형을 써 보았을 때 인형의 아랫면이 연기자의 어깨에 닿아야 한다.

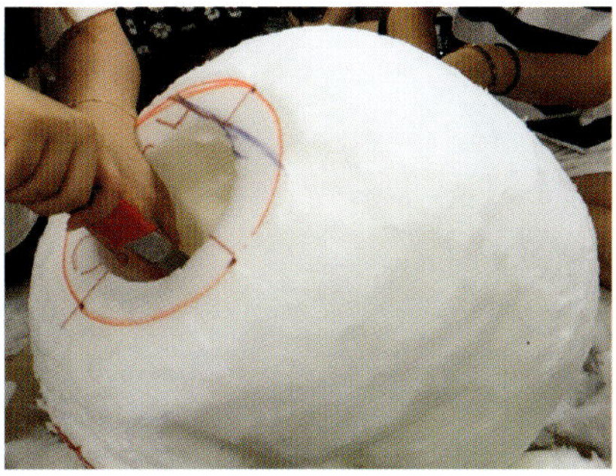
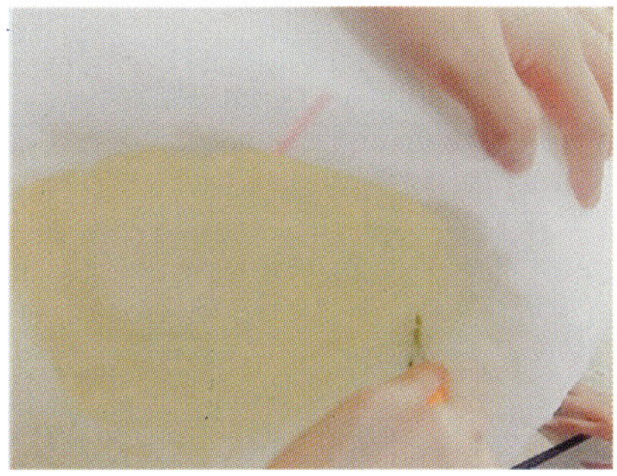

⑧ 인형 눈의 위치를 정하고 구멍을 뚫는다.

- 연기자의 시야는 특정 인물의 특성에 따라 인형의 눈을 통해 볼 수 있고, 인형의 입을 통해 볼 수도 있다.
- 연기자가 인형의 눈을 통해 시야를 확보할 경우는 다음과 같다.
  - 스펀지에 눈 모양을 그려준다.
  - 인형 눈 그림의 가운데 작은 구멍을 낸다. 그리고 연기자의 시야를 확보하면서 눈의 모양대로 뚫는다.
  - 인형의 눈 깊이는 손가락 두 마디 정도면 된다. 너무 깊으면 연기자의 시야가 좁아지고 너무 얇으면 눈의 형태가 무너질 수도 있다.
  - 연기자의 시야가 인형의 눈을 통해 보이더라도 연기자의 호흡 공간을 위하여 입 부분을 뚫어주는 것도 효과적이다.

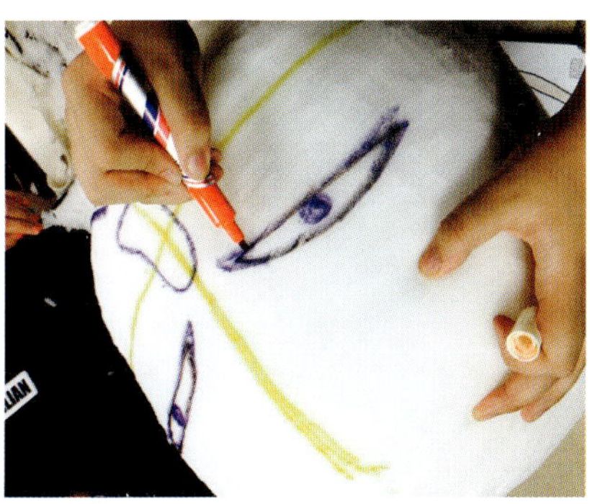

⑨ 인형의 표면을 잘 다듬는다.

- 끝이 뾰족하고 날이 선 가위로 스펀지의 미세한 표현을 다듬는다.
- 가위로 다듬을 때는 한쪽으로만 결을 만들어주어야 효과적이다.

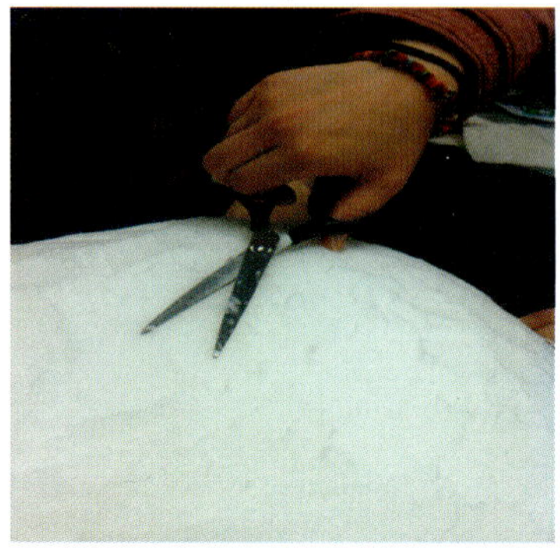

⑩ 스펀지에 천을 씌운다.

- 천은 인형을 감싸 안았을 때 한 움큼 쥘 수 있는 정도가 남으면 적당하다.
- 천의 방향은 가로가 늘어나고 위에서 아랫방향으로 부드럽게 내려오는 것이 순방향이기 때문에 씌우는 사람 앞쪽으로 오게 한다.
- 얼굴의 앞면에 나무젓가락을 이용하여 공업용 접착제를 바른다. 그리고 접착제가 적당히 마른 후 천을 씌운다.
- 천은 양쪽으로 적당히 잡아당기면서 씌워야 한다. 천을 너무 세게 당기게 되면 주름이 많이 생긴다.
- 자잘한 주름들은 하나의 큰 주름으로 만들어 주며, 되도록 주름은 얼굴 앞면에 생기지 않도록 한다.

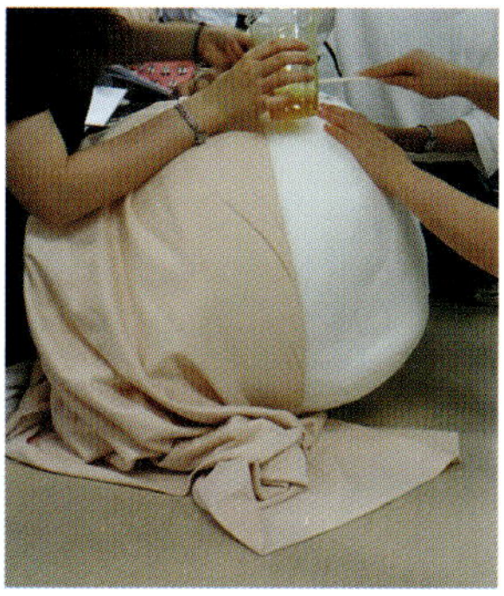
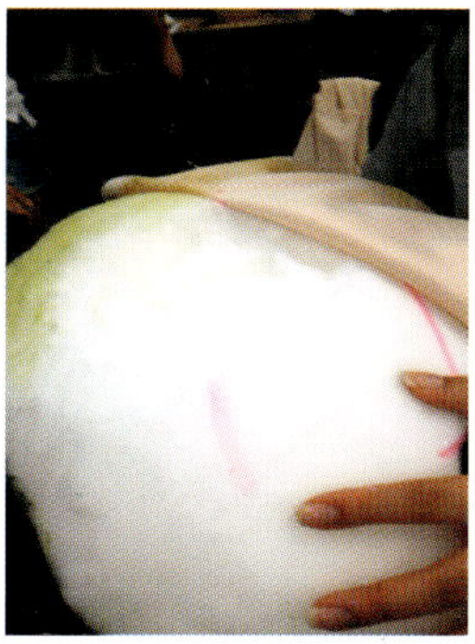

⑪ 주름은 가위로 잘라내고 남는 천 부분은 바느질한다.

- 주름을 가위로 자를 때는 너무 바싹 자르거나 주름을 많이 남기면 안 된다.
- 얇은 천은 별도의 바느질을 하지 않아도 되기 때문에 여분의 천을 남기지 말고 바싹 잘라준다.
- 바느질은 공그르기 또는 감침질한다.
- 바느질은 최대한 꼼꼼히 촘촘하게 해주어야 매끄러운 얼굴이 된다. 바늘땀이 크고 듬성듬성해지면 프랑켄슈타인 탈 인형이 되는 불상사가 일어난다.

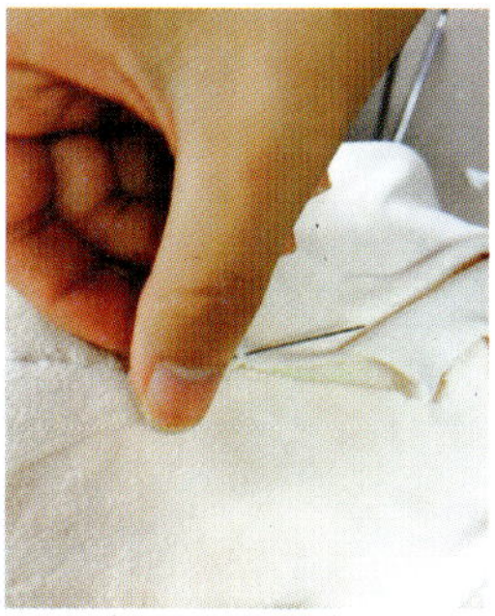
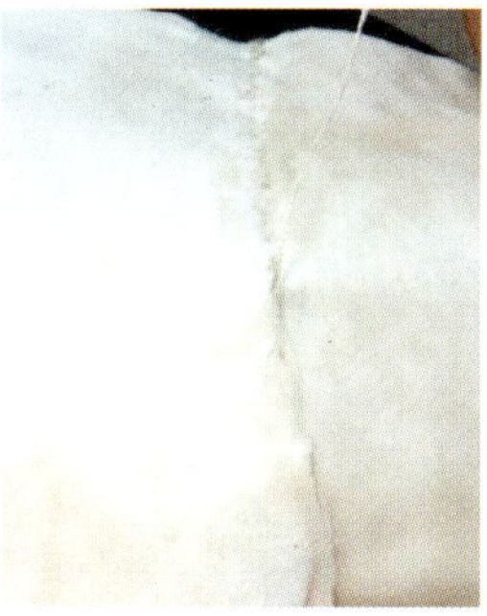

⑫ 인형의 특징에 맞게 눈썹, 눈, 코, 입 귀 등을 만들어서 붙인다.

- 눈과 입의 형태를 유지하기 위하여 눈, 입 안쪽에 부직포를 감싼

책받침을 붙인다.

- 연기자의 눈이 관객에게 직접 보이는 것을 방지하기 위해 눈과 입 등 뚫려있는 부분에 망사 천을 붙여준다.
- 그 외 인형의 특징에 맞게 눈썹, 귀, 코 등을 만들어 붙인다.

⑬ 완성된 탈 인형

- 등장인물의 성격에 맞게 파스텔 또는 크레파스 등을 활용하여 분장한다.
- 탈에 끈을 만들어서 연결한다. 이유는 탈이 움직이지 않도록 연기자의 어깨에 끈으로 고정시키기 위해서이다.
- 등장인물의 성격에 맞게 의상을 제작한다.

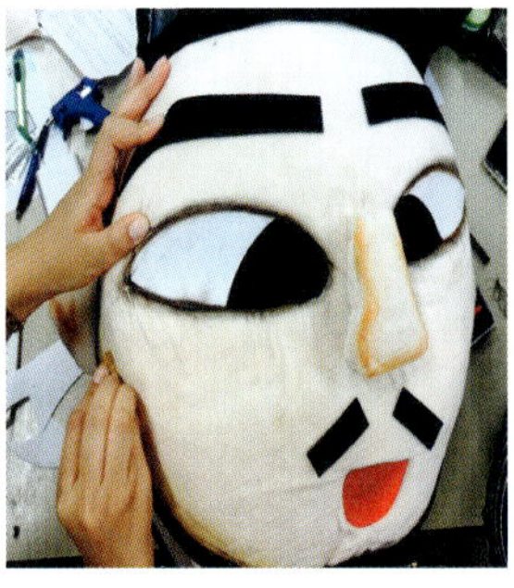

3) 교사가 제작할 수 있는 탈 인형(천 활용)

탈 인형은 여러 가지 재료를 활용하여 다양한 방법으로 만들 수 있다.

여기서는 천을 이용한 탈 인형을 소개하고자 한다.

(1) 준비물

스케치 도구, 다양한 색깔의 천, 바늘, 실, 솜, 가위, 시침핀, 글루건, 분장용 도구(크레파스, 파스텔) 등

(2) 참고사항

① 탈 인형 얼굴 크기는 캐릭터에 따라 정해진다.
② 탈 인형 캐릭터의 머리 크기와 몸의 비례는 3등신이나 4등신이 적당하다.
③ 탈 인형 및 의상의 천은 인형의 캐릭터를 빛나게 해줄 천을 사용한다.
④ 실 색깔은 인형의 완성도를 높이기 위하여 천 색깔과 같은 것으로 한다.
⑤ 탈 인형의 제작 시 필요한 준비물은 일상생활 주변에서 볼 수 있는 다양한 재료들을 활용하면 효과적이다.

(3) 제작법

「흥부와 놀부」 극 중에서 놀부를 중심으로 제작법을 소개하고자 한다.

① 동화책은 탈 인형에 적합한 것을 선정한다.

② 등장인물과 의상을 스케치하고 색칠한다.

- 인형을 스케치하고 색칠하는 이유는 구체적인 작업을 계획하기 위해서이다. 즉, 인형의 특징(성격)을 살리기 위하여 얼굴 윤곽, 눈썹, 눈, 입술 모양, 의상 색깔, 소품 등을 계획하기 위해서이다.
- 연기자의 시야는 인형의 어디를 통해 볼 것인지 계획해야 한다. 예를 들면, 인형의 눈을 통해 볼 것인지, 인형의 입을 통해 볼 것인지 계획해야 한다.

③ 스케치한 것을 참고하여 인형 제작에 필요한 준비물을 준비한다.

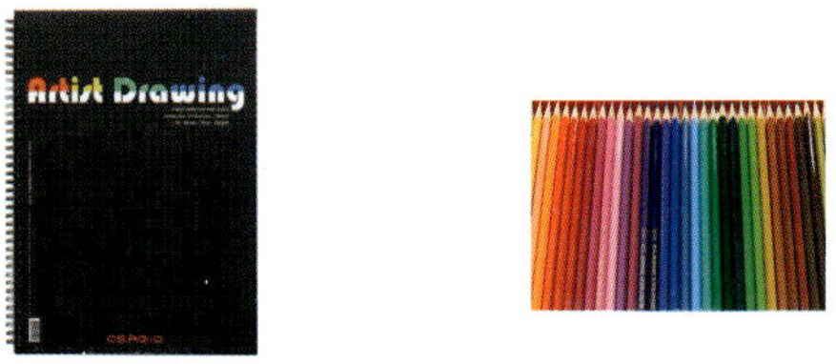

스케치 도구(스케치북, 연필, 색연필)

솜

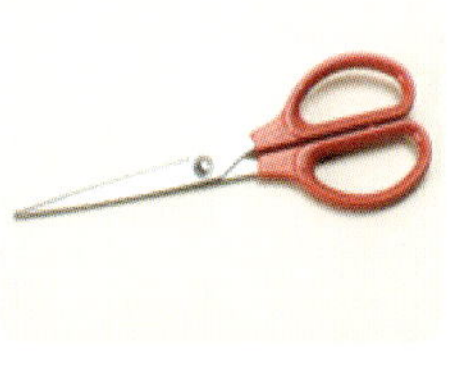

가위

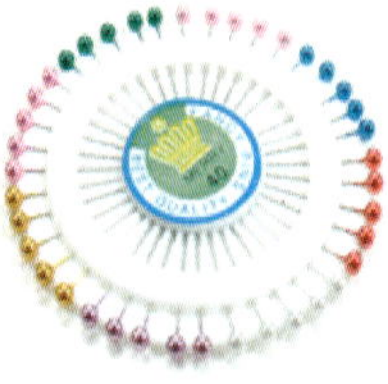

시침핀

바느질 도구

인형의 캐릭터를 빛내줄 다양한 재료들(천, 부직포, 삼베 천)

인형의 캐릭터를 빛내줄 다양한 재료들
(공예 철사, 검정스타킹)

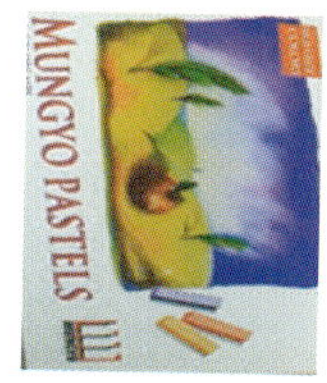

분장용 도구(파스텔)

④ 전지에 실제 크기로 스케치한다.

• 인형 얼굴에 솜을 넣으면 크기가 줄어든다는 것을 고려하여 스케치한다.

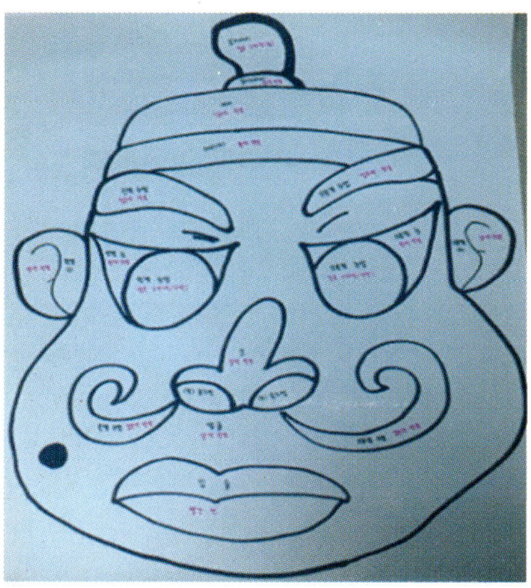

⑤ 2장 겹친 천에 얼굴 앞면과 뒷면의 본을 대고 그린다.

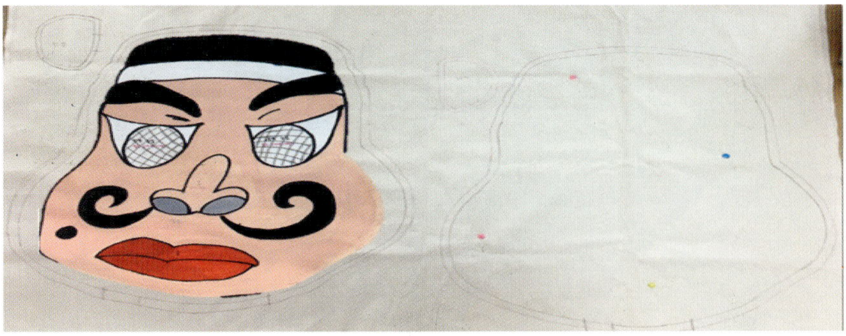

⑥ 완성선에서 시접분을 남기고 오려낸다(직선 : 1~1.2cm, 곡선 : 0.7cm).

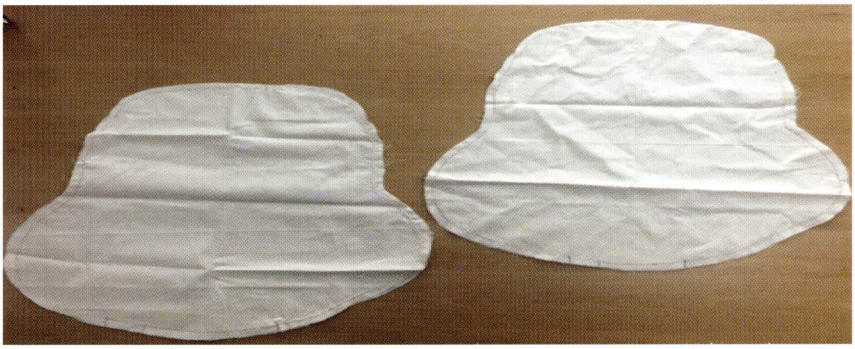

⑦ 솜이 들어가는 부분을 제외하고 바느질한다(바느질 : 박음질).

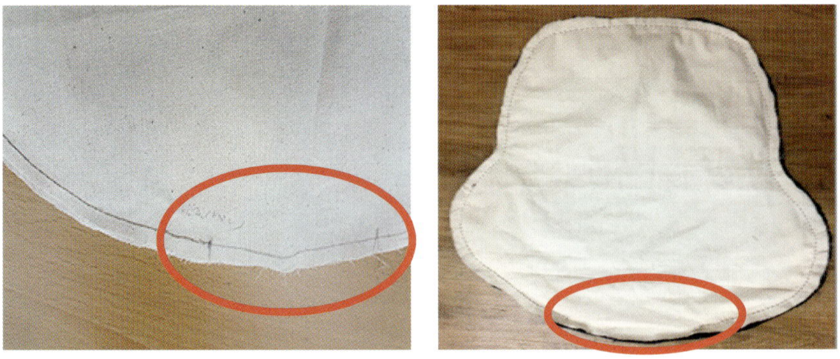

솜이 들어가는 부분을 제외하고 바느질한다.

⑧ 인형 얼굴의 앞면과 뒷면을 뒤집는다.

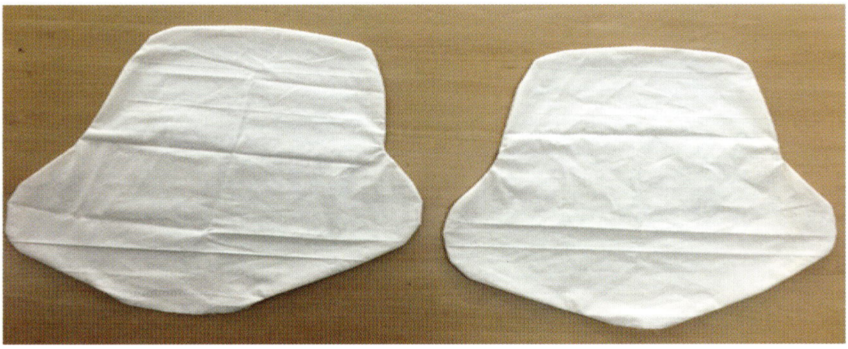

앞면 뒷면

⑨ 인형 얼굴 앞면에 눈 위치를 정하여 구멍을 낸다.

- 인형 얼굴 앞면에 눈 위치를 정하여 구멍을 낼 때는 다음과 같은 방법이 효과적이다.
  - 인형 얼굴에 눈 모양을 그려준다.
  - 인형 눈 그림의 가운데에 작은 구멍을 내고, 연기자의 시야를 확보하면서 눈의 모양대로 구멍을 낸다.

⑩ 인형 얼굴 앞면에 전체적으로 솜을 넣고 바느질한다. 그리고 눈 가장자리와 망사 천을 연결하여 바느질한다(바느질: 감침질 또는 공그르기).

- 연기자의 눈이 관객에게 직접 보이는 것을 방지하기 위해 눈 등 뚫려있는 부분에 망사 천을 붙여준다.

⑪ 얼굴 뒷면에도 솜을 넣어서 얼굴 앞면과 연결하여 바느질한다(바느질: 감침질 또는 공그르기).

⑫ 인형의 눈썹, 눈, 코, 입, 귀 등을 만든다.

- 인형의 눈썹, 눈, 코, 입, 귀 등을 오려 낸 후, 두 장 겹친 천에 본을 대고 그린다.

 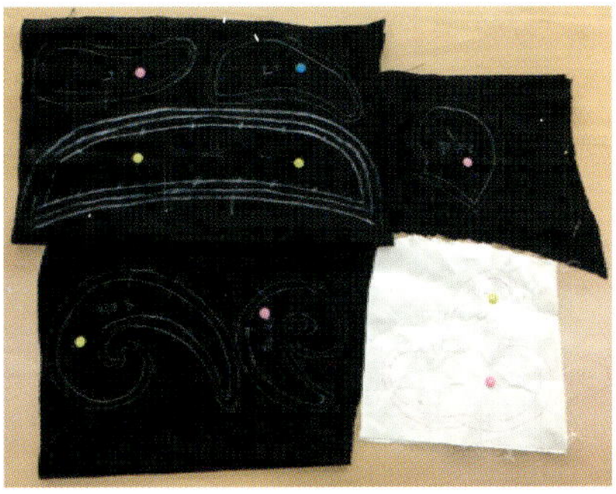

• 인형의 눈썹, 눈, 코, 입, 귀 등의 완성선에서 시접분을 남기고 오려낸다(직선 : 1～1.2cm, 곡선 : 0.7cm). 솜이 들어가는 부분은 제외하고 박음질한다. 그리고 뒤집은 후 솜을 입체감 있게 넣고, 감침질 또는 공그르기한다.

⑬ 인형 얼굴 앞면에 눈썹, 눈, 코, 입, 귀 등을 바느질하여 연결한다. 그 외에 인형의 성격에 맞게 얼굴을 꾸민다.

⑭ 탈에 끈을 만들어서 연결한다. 이유는 탈이 움직이지 않도록 연기자의 어깨에 끈으로 고정시키기 위해서이다.

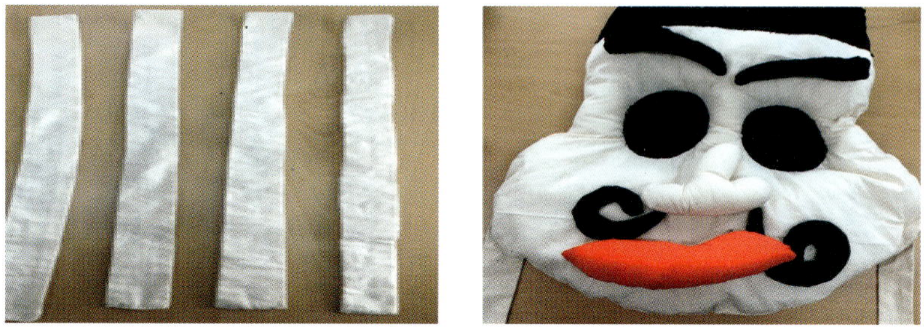

⑮ 완성된 탈 인형

- 등장인물의 성격을 고려하여 파스텔, 크레파스 등을 활용해 분장한다.
- 등장인물의 성격에 맞게 의상을 제작한다.

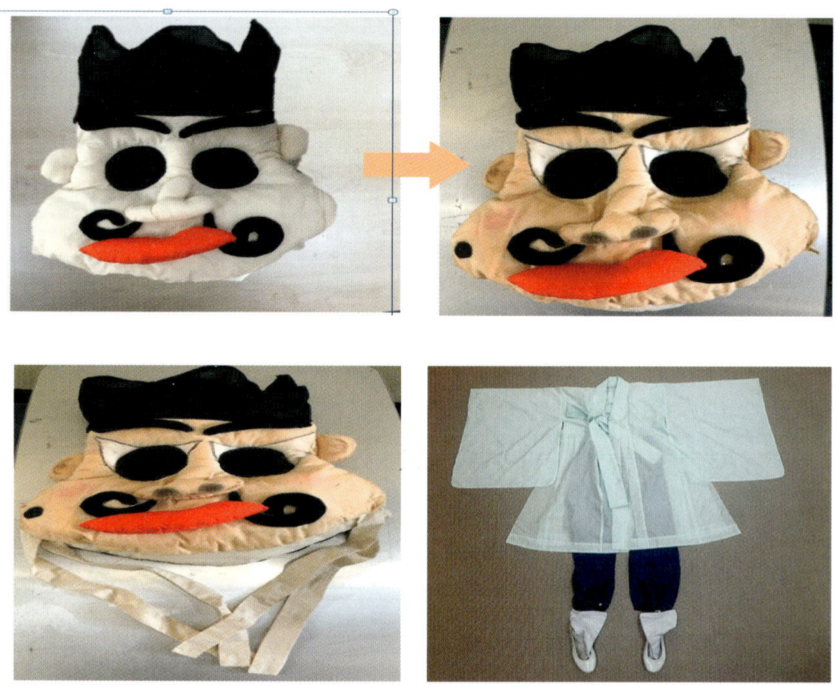

4) 교사가 제작할 수 있는 다양한 스펀지 탈 인형의 예

「개구리 왕자」
극 중에서
개구리 왕자

「개구리 왕자」
극 중에서
왕자

「개구리 왕자」
극 중에서
공주

「개구리 왕자」
극 중에서
임금

「팥죽 할머니와 호랑이」
극 중에서
호랑이

「팥죽 할머니와 호랑이」
극 중에서
할머니

「팥죽 할머니와 호랑이」
극 중에서
송곳

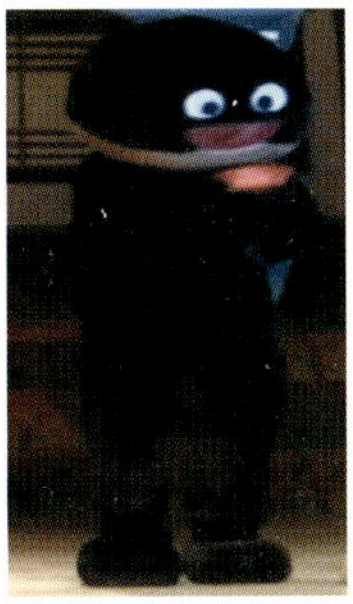
「팥죽 할머니와 호랑이」
극 중에서
알밤

「황소와 바꾼 무」
극 중에서
황소

「황소와 바꾼 무」
극 중에서
농부 어머니

「황소와 바꾼 무」
극 중에서
농부

「황소와 바꾼 무」
극 중에서
사또

「며느리 방귀」 극 중에서
왕배, 문, 기둥, 절구, 그릇장수, 남편, 며느리, 시어머니, 시아버지, 해설자

「용궁에 간 토끼」 극 중에서
오징어, 용왕, 물고기, 토끼, 거북이

5) 교사가 제작할 수 있는 다양한 천 탈 인형의 예

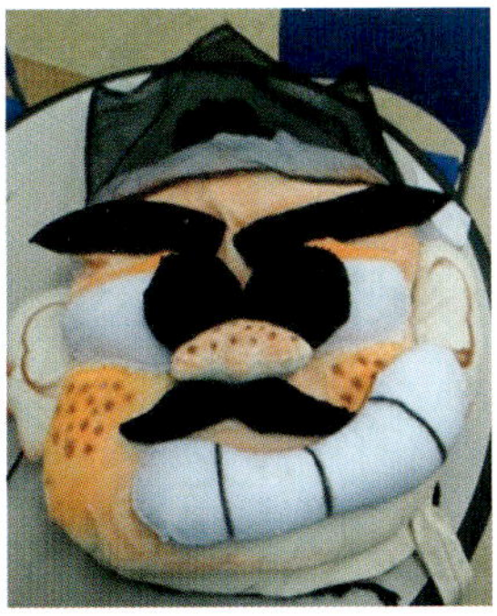

「온달과 도깨비」
극 중에서
심통

「혹부리 영감」
극 중에서
혹부리 영감

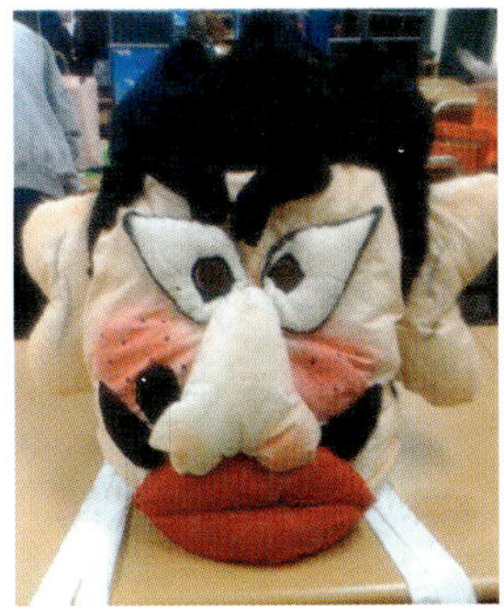

「흥부와 놀부」
극 중에서
놀부

「옹고집전」
극 중에서
옹고집

「옹고집전」
극 중에서
마당쇠

「옹고집전」
극 중에서
도사

「옹고집전」
극 중에서
옹고집 부인

「겨울왕국」
극 중에서
올라프

「피노키오」
극 중에서
피노키오

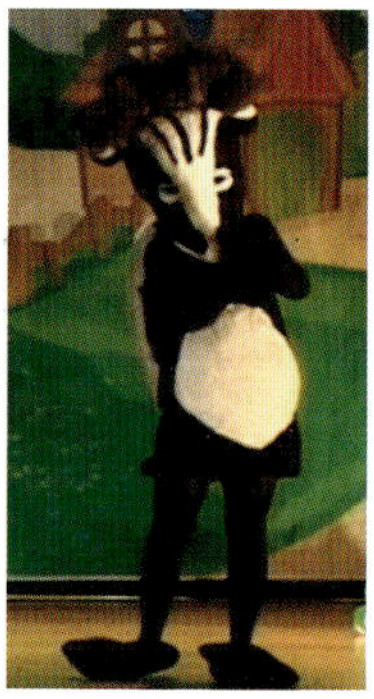

「내 방귀는 특별해」
극 중에서
스컹크

「내 방귀는 특별해」
극 중에서
치타

「내 방귀는 특별해」
극 중에서
코끼리

「내 방귀는 특별해」
극 중에서
개구리

「내 방귀는 특별해」
극 중에서
토끼

「아기오리와 친구들」
극 중에서
오리, 닭, 소

연구문제

1. 막대 인형과 줄 인형 제작과정의 공통점과 차이점을 비교해 보자.

2. 손 인형은 다양한 방법으로 제작할 수 있다. 이 장에서 제시한 것 외에 다양하게 제작할 방법에 대해 생각해 보자.

3. 그림자 인형 제작과 관련해 이 장에서 제시한 것 외에 다양하게 제작할 방법에 대해 생각해 보자.

4. 스펀지를 활용한 탈 인형과 천을 활용한 탈 인형을 제작 후 각 장단점을 이야기해 보자.

Chapter
05

유아를 위한 인형극 시나리오

1. 개구리 왕자
2. 꼬질꼬질 임금님
3. 뚱보가 된 백설 공주
4. 며느리 방귀
5. 빨간 망토를 도와주세요!
6. 신비 유치원에 간 치코
7. 용궁에 간 토끼
8. 이 잘 닦아 공주와 이 안 닦아 왕자
9. 왜 나만 시켜!
10. 팥죽 할머니와 호랑이
11. 황소와 바꾼 무

학습목표

- 기존의 인형극 시나리오 1편을 정하여 배워야 할 점, 아쉬운 점에 대해 생각해 보고 발표할 수 있다.

핵심개념

- 인형극 시나리오

1 개구리 왕자

등장인물 왕자, 마녀, 개구리(왕자), 공주, 공주 언니 1, 공주 언니 2, 임금

조명 on

제1막 성 중앙 홀

해설 : (막이 열리며) 먼 옛날, 아주 먼~ 왕국에 멋진 왕자님이 있었어요. 왕자는 눈이 너무 나빠 앞이 잘 보이지 않았어요. 그래서 왕자는 자신의 생일에 눈이 좋아지는 약을 구해 오는 아가씨와 결혼하겠다고 알렸어요.

효과음악 : 빵빠레

왕자 : (왕자가 무대에 등장하며 기대에 찬 목소리로) 정말 눈이 좋아지는 약을 구해 온 아가씨가 있을까? 눈이 좋아지는 약 가진 친구들 어디 없나요? 없나요?

마녀 : (신비의 약 들고 등장) 왕자님~ (한 손에 물 약병을 들고 한 손으로 가리키며) 이것이 눈이 좋아지는 신비한 약이에요. 드셔 보세요. (왕자에게 약을 내민다.)

왕자 : 그럼 어디 한 번? (물약을 마신다.)

효과음악 : 꿀꺽꿀꺽, 뾰로롱.

왕자 : (안경을 던지면서) 보인다! 정말 보여!

효과음악 : 사람들 함성

마녀 : (기대에 찬 목소리) 그럼 이제 저와 결혼하시는 거죠?

왕자 : (얄미운 목소리로) 미안하지만, 뚱뚱하고 못생긴 마녀는 내 신부가 될 수 없어.

효과음악 : 좌절하는 소리

마녀 : (양손으로 머리를 감싸며 분노한다.) 이럴 수는 없어. (개그콘서트에서 유행하는 리듬) 괜히 줬어. 괜히 줬어. 약속을 지키지 않는다니. (리듬감 있게 대사하기) 도저히 용서가 안 돼! 수리수리 마수리. 못생긴 개구리가 되어라. 얍.

왕자 : 악. (머리를 감싸며 쓰러진다.)

효과음악 : 번개

마녀 : 음하하하. (객석을 향해) 왕자는 왕자와의 약속을 지켜 주는 사람을 만나지 못하면 영원토록 개구리로 살게 될 것이다. 으하하. (웃으며 무대 뒤로 퇴장한다.)

조명 off

조명 on

제2막 숲속 우물

효과음악 : 새소리, Franck의 "Panis Angelicus"

개구리(왕자) : 개굴개굴. 이…이럴 수가. 내가 개구리가 되다니. 난 이제 어떻게 하면 좋지. (훌쩍거리며 터덜터덜 우물 속으로 들어간다.)

효과음악 : 발랄한 음악

공주, 공주 언니 1, 공주 언니 2 : (발랄하게 등장) (오렌지캬라멜의 "마법소녀" 안무)

공주 언니 1 : (한쪽 구석에 놓아둔 공을 들고 와 공주에게) 막내야. 던질 테니까 잘 받아야 해. (공주를 넘어 우물로 공을 던져 빠뜨린다.)

효과음악 : 풍덩

공주 : (우물에 빠진 공을 보고 놀라며) 내 공.

공주 언니 2 : (발을 동동거리며) 언니, 그렇게 멀리 던지면 어떻게 해.

공주 언니 1 : (공주 언니 2를 툭 치며) (어금니 꽉 깨물고) 그만해라, 내

잘못 아냐. 흥. 재미없어. 난 갈래. (획 돌며 무대 뒤로 퇴장.)

공주 언니 2 : (당황하며) 나도 몰라. 내 잘못도 아냐. (공주 언니 1을 따라 퇴장한다.)

공주 : (울먹거리는 소리) 흑흑, 내 공. 어떻게 해.

효과음악 : 펑

개구리(왕자) : (우물에서 나온다.) 예쁜 공주님. 왜 울고 계세요?

공주 : (놀라며) 앗! 깜짝이야. 웬 개구리? (개구리를 무시하고 다시 운다.) 엉엉.

개구리(왕자) : 에이. 공주님, 왜 울고 계시냐고요?

공주 : (귀찮게 여기며) 아이참. 내 공이 우물 속에 빠졌단 말이야. 엉엉.

개구리(왕자) : 공주님, 제가 그 공 찾아 드릴까요?

공주 : 뭐? 정말? 어떻게?

개구리(왕자) : 대신 부탁이 있어요. 제가 공주님의 공을 찾아 드리면 저를 성으로 데려가서 맛있는 저녁도 같이 먹어 주셔야 하고요, 공주님의 예쁜 침대에서 함께 자게 해주세요. 약속하실래요?

공주 : (내키지 않는 목소리로) 뭐? 아…약속할게. 대신 내 공을 꼭 찾아 줘.

개구리(왕자) : 그럼요. 잠시만요. (우물 안으로 뛰어 들어간다.)

효과음악 : 풍덩

(잠시 후)

효과음악 : 펑 & 물소리

개구리(왕자) : (야구공 들고 나오며) (울림 효과) 이 공이 공주님 공입니까?

공주 : 아냐. 아냐. 내 공은 그 공보다 더 커.

개구리(왕자) : (축구공 제시하며) (울림 효과) 그럼 이 공이 공주님 공입니까?

공주 : 아냐. 아냐. 내 공은 반짝반짝 빛나는 황금 공이야.

개구리(왕자) : 아하. (황금 공 제시하며) 이 황금 공이 공주님의 공이죠?

(공을 건넨다.)

공주 : (공을 받고 기뻐서 팔짝팔짝 뛰며) 맞아. 바로 그거야.

개구리(왕자) : (능청스럽게) 공주님. 이제 성으로 가실까요?

공주 : (당황하며) 서…성? 공을 찾아 준 건 고맙지만, 개구리는 싫어! (뛰어서 퇴장)

개구리(왕자) : 어라! (혼잣말) 같이 가기로 해 놓고. 공주님, 공주님, 같이 가요. 같이 가요. (개구리 왕자는 공주가 퇴장한 방향으로 뛰어서 퇴장한다.)

조명 off

조명 on

제3막 성 중앙 홀

효과음악 : 밝고 빠른 곡

(무대에 식탁, 의자, 음식 등 소품이 세팅되어 있다.)

(공주, 공주 언니 1, 공주 언니 2는 무대 중앙에서 즐겁게 놀고 있다.)

효과음악 : 문 두드리는 소리－쾅쾅쾅

개구리(왕자) : (숨을 헐떡이는 목소리만) 공주님. (무대로 등장하며) 공주님. 예쁜 공주님.

공주 언니 1 : (개구리를 본 후 호기심 가득한 목소리로) 어머. 개구리다.

공주 언니 2 : (화들짝 놀라며) 뭐? 개구리? 으~ 정말 못생겼다. 이렇게 못생긴 개구리는 처음 봐. (공주 언니 1의 등 뒤로 숨는다.)

공주 : (개구리를 보고 당황하며 윽박지른다.) 개구리 너! 여기가 어디인 줄 알고 오니? 어서 나가.

개구리(왕자) : (능글맞게) 공주님. 약속대로 저와 함께 저녁 식사를 하셔야죠. 그리고 공주님의 예쁜 침대에서 재워 주시고요.

(임금이 무대로 등장한다.)

임금 : (인자한 목소리로) 에헴, 도대체 무슨 일인데 이렇게 소란스러운

것이냐?

공주 : 아바마마. 저. 그게.

효과음악 : 빠르게 말하는 소리(지금까지 있었던 상황 전달)

공주 : 이렇게 된 거예요.

임금 : 공주 네가 그런 약속을 했다면 지켜야 하지 않겠느냐?

공주 : 근데 전 개구리랑 그러기는 정말 싫다고요. (객석을 향해) 친구들.

관객 : 네.

공주 : 제가 개구리랑 정말 저녁을 같이 먹고, 예쁜 내 침대에서 함께 자야 해요?

관객 : 네.

공주 : (당황하며) 저…정말요? 어휴! (크게 한숨 쉬며 고개를 숙인다.)

임금 : (공주와 개구리에게) 마침 따뜻한 저녁 식사가 준비되었으니 함께 먹자꾸나.

공주 : (내키지 않는 듯) 네. (개구리가 마음에 안 드는 말투) 개구리야, 얼른 먹어.

개구리(왕자) : 감사합니다. (식탁 쪽으로 몸을 살짝 돌려 냄새를 맡는다.) 음. (입맛을 다시며) 맛있는 냄새.

(임금, 공주, 개구리, 공주 언니 1, 공주 언니 2는 식탁에 앉아 식사를 하면서 이야기를 나눈다. 식사를 끝낸 후 임금, 공주, 개구리, 공주 언니 1, 2는 무대 앞으로 나온다.)

임금 : (배를 문지르며) 배도 부르고 밤도 깊었으니 이제 잠자리에 들자꾸나.

개구리, 공주, 공주 언니 1, 공주 언니 2 : 네.

조명 off

조명 on

제4막 공주방

효과음악 : 밤에 어울리는 잔잔한 곡

(공주방 소품 세팅)

공주 : (어깨를 축 늘어뜨리고 등장) 어휴, 괜히 약속했어. 괜히 약속했어. (개구리 왕자는 공주를 졸졸 따라 등장한다.)

개구리(왕자) : (들뜬 목소리) 공주님! 저 어디서 잘까요? 이불 속에서? 밖에서? 아님, 발아래? 머리맡? 난 팔베개가 좋은데. (능글스러운 목소리로 혼잣말) 흐흐. 아무렴 어때? 잠만 자면 되지.

공주 : (획! 돌며 개구리를 손가락으로 가리킨다.) 개구리 너! 약속대로 내 방에 데리고 왔지만, 침대에서 자는 것은 안 돼. (창가를 가리키며). 저~기서 자던지, (문을 가리키며) 저~기서 자던지, 네 마음대로 해. 흥. (양손을 허리에 짚으며 개구리에게서 등 돌린다.)

개구리(왕자) : (공주의 팔을 잡고 매달리며 애원) 에이, 공주님! 잠만 자면 끝인데.

효과음악 : 티아라의 “너 때문에 미쳐”

공주 : (음악에 맞추어 율동한다.)

공주 : (화를 내며) 더는 못 참아. (있는 힘을 다해 개구리를 민다.)

개구리(왕자) : 아이코. (밀려 넘어진다.)

효과음악 : 으스스한 소리로 웃는 소리

(마녀는 옷을 휘날리며 무대로 등장한다.)

개구리(왕자) : (일어나 마녀를 가리키며) 앗. 나쁜 마녀.

마녀 : 너의 마법이 풀리도록 내가 가만둘 것 같으냐. (공주를 가리키며) 자신이 한 약속도 지키지 않고 겉모습만 보는 공주. 난 약속을 지키지 않는 사람은 도저히 용서가 안 돼. (손을 휘저으며) 아브라카다브라. 단단한 돌이 되어라.

효과음악 : 번개

(조명으로 '번쩍번쩍' 효과를 준다.)

개구리(왕자) : (숨 한 번 몰아쉬고) 안 돼. (몸을 날려 공주를 막고 돌이 된다.)

마녀 : (당황하며) 이럴 수가. 약속도 안 지키는 공주를 구하고 돌이 되다니. 이건 말도 안 돼. (소리 지르며 퇴장)

조명 off

조명 on

효과음악 : 슬픈 곡

공주, 임금, 공주 언니 1, 공주 언니 2 : (개구리 주위에 둘러앉아 슬퍼한다.)

공주 : (돌이 된 개구리를 흔들며) 나 대신 돌이 되다니. 흑흑 개구리야, 미안해. 지금이라도 약속을 지킬게. (개구리를 쓰다듬으며) 잘 자, 개구리야. 엉엉.

왕자 : (목소리만 : 울림) 공주님, 울지 마세요.

효과음악 : 펑, 뾰로롱

왕자 : (왕자를 덮고 있던 흰 천이 걷힌 후 일어난다.)

임금, 공주, 공주 언니 1, 2 : (놀란다.)

공주 언니 1 : 어머머. 이 잘생긴 남자는 누구래?

공주 언니 2 : 완전~ 내 스타일이야.

왕자 : 전 아주 먼~ 왕국의 왕자랍니다. 마녀와의 약속을 어겨 못생긴 개구리가 되었었죠. (공주를 공손하게 가리키며) 공주님 덕분에 제 마법이 풀렸어요. 감사합니다, 공주님.

공주 : (의아한 목소리) 하지만 전 왕자님의 마법을 풀어 준 적이 없어요.

왕자 : 저를 위해 눈물 흘려준 공주님. (공주 앞에 무릎을 꿇고 손을 잡는다.) 저와 결혼해 주세요.

효과음악 : 이승기의 "결혼해 줄래"

공주 언니 1, 2 : 어머, 좋겠다. 정말 부러워.

효과음악 : 결혼행진곡

공주 언니 1 : (공주에게 면사포를 씌워 준 후 부케를 전한다.) 언니보다 먼저 결혼하니 좋니?

공주 언니 2 : (왕자에게 왕관을 씌워 준다.) 저기, 마법 걸린 개구리왕자 더 없어요?

공주 언니 1, 공주 언니 2 : (손뼉을 치며 왕자와 공주를 축하한다.)

왕자, 공주 : (서로를 바라보며 행복해한다.)

임금 : (호탕하게 웃으며) 어허허. 사랑하는 공주와 (공주가 임금 오른쪽에 선 후 손을 잡는다.) 용감하고 멋진 왕자의(왕자가 임금 왼쪽에 선 후 손을 잡는다.) 성대한 결혼식을 올릴 것이니, 모두 축하해 주도록 하여라.

(막이 내린다.)

2 꼬질꼬질 임금님

등장인물 임금님, 신하, 파리 남, 파리 여, 청소 남, 청소 여

제1막 궁전

효과음악 : 해를 품은 달 OST

(막이 열리며 왕이 걸어 나온다. 무대 전체 조명은 끄고, 핀 조명으로 왕만 비춘다.)

왕 : (진지한 목소리로 뒷짐을 지고) 나에게 씻으라 하였느냐? 내가 씻길 원하느냐? 미안하구나. 씻는 것이 귀찮아, 그러지 못하였다.

조명 on

왕 : (갑자기 방정맞게 팔, 몸 등 이곳저곳을 긁으며) 어, 간지러워. 간지러, 간지러, 어휴. 간지러. (머리를 긁적이며 근엄한 목소리로) 여봐라. 게, 누구 없느냐?

신하 : (왕 반대편에서 앞으로 달려 나오며) 네, 부르셨습니까? 임금님.

왕 : (팔, 몸 등 이곳저곳을 긁으며) 어휴, 나 몸이 너무 간지러워. 왜 그러지?

신하 : (살짝 피하면서) 아, 그거는 목욕을 안 해서 그래요. (한심하고 당황스러운 목소리로) 아휴. 아이고, 아이고. 꼬질꼬질, 아~이! 냄새야. (허리를 숙이며) 제발 목욕을 하세요.

왕 : (좌우로 몸을 흔들며) 아잉, 난 목욕하기 싫단 말이야. 목욕하라고 하지 마, 하지 마.

파리 남 : (양팔을 뻗으면서 왕의 반대 방향에서 나온다.) 더러운 임금님, 좋아. 우리는 친구, 친구.

효과음악 : 신나는 음악

파리 남 : (음악에 맞춰 어깨동무하며) 오, 친구여.

왕 : (과장되게 파리를 피하면서) 어? 어? 저리 가. 똥파리.

파리 남, 여 : 안 갈 건데, 가기 싫은데. 더러운 임금님 좋아! 좋아!

효과음악 : 파리가 맞는 소리

신하 : (파리채를 들고 파리를 때리며) 임금님 비키세요. 이 더러운 똥파리들.

효과음악 : 빅뱅의 "뱅뱅뱅"

신하 : (음악에 맞춰 파리채를 들고 파리를 때리며) 뱅뱅뱅. 빵야. 빵야. 빵야.

파리 남, 여 : (양손으로 날개짓을 하며 퇴장하며) 으악, 똥파리 살려.

신하 : (공손하게) 임금님 당장 목욕하실래요?
(퇴장한 파리들의 방향을 한 손으로 제시하며) 아님, 계속 파리들과 친구하실래요?

왕 : (마지못해서 하는 목소리로) 힝, 알겠어. 목욕할게.

신하 : (살짝 웃으며) 헤헤헤, 왕께서 목욕하신다. 욕조와 씻을 것을 준비하여라.

조명 off

조명 on

제2막 욕조

효과음악 : 목욕 송

왕 : (개운한 목소리로 하늘 높이 양팔을 뻗으며) 아이고. 목욕하니, 시~원하고 좋구나.

신하 : (뿌듯한 목소리로) 아이코, 씻으시니까 인물이 훤~하네요. (눈을 가리며) 아이고, 눈부셔라. 아이고, 내 눈.

왕 : (잘난척하며) 그래? 난 원래 한 인물 했어. 이거 왜 이래. (한쪽 팔로 수염을 만지면서) 에헴. 자랑 좀 하러 가 볼까?

신하 : 자, 그럼 앞으로 가시죠. 우리 깨끗한 임금님이 나가십니다.

왕 : (당당하게 걸어가며) 얘들아, 나 목욕했다. 나 엄청 깨끗하지?

신하 : (임금님을 소개하듯 팔을 벌리며) 아, 우리 임금님 진짜 멋지죠?

효과음악 : 포카리스웨트 광고 음악

왕 : (양팔을 벌리고 빙글빙글 제자리에서 돌며) 나는 깨끗한 왕이다. 으하하하하. 으하하하하.

효과음악 : 띠용

왕 : (자신의 발을 보고 당황해하며) 어, 어. 왜 이러지 발이?
(더러워진 한쪽 발을 들면서) 아, 발이 왜 이래? 다시 발이 더러워졌네.

파리 남 : (양팔을 뻗으면서 나와 왕 주변을 빙글빙글 돌며) 더러운 거 좋아. 더러운 거 좋아. 큼~큼. 향기로워. 똥 냄새.

신하 : (파리채를 들고 파리를 때리며) 너희들, 저리 가. (점점 크게) 저리 가. 가. 가. 가.

왕 : 뭐야, 발을 또 씻어야 하잖아.

효과음악 : 물소리

(왕은 발을 씻는 시늉을 한다.)

왕 : (자신의 발을 보고) 이제, 진짜 깨끗해졌겠지? 다시 친구들에게 자랑하러 가볼까?

왕 : (무대를 한 바퀴 돈 후, 자신의 발을 보고 당황해하며) 어! 어!
(더러워진 한쪽 발을 들면서) 이게 뭐야, 아직도 더럽잖아. 휴, 다시 씻으러 가야겠네.

왕 : (자신의 발을 씻는다.)

왕 : (자신의 발을 보고) 이제, 진짜 깨끗해졌겠지? (팔을 앞뒤로 흔들며) 그럼, 다시 앞으로. 앞~으로. 앞~으로. 앞~으로. (혼잣말) 맨발로 걸어 다니니 발이 계속 더러워지는군. (왕이 퇴장한다.)

조명 off

조명 on

제3막 궁전

청소 남 : (고민하는 목소리로 혼잣말하며) 임금님, 발이 자꾸 더러워져. 무슨 방법이 없을까? 어떡하지?

효과음악 : 띵

청소 여 : 아, 우리 친구들에게 물어볼까?

청소 여 : (관객을 바라보며) 친~구들, 친구들아, 좋은 방법이 없을까?

청소 여 : 뭐? (양손을 귀에 감싸며) 신발을 신으라고?

청소 남 : 청소를 하라고?

청소 남 : (잠시 기다린 후 고개를 끄덕이며) 아, 청소하라고? (양팔을 벌리며 기쁜 목소리로) 우와, 그거 정말 (최고 손가락을 하며) 좋은 생각이다.

청소 남, 여 : 고마워 친구들.

청소 여 : (임금님을 바라보며) 임금님! 길을 깨끗이 청소하면 된대요.

왕 : (명령하듯이) 길을 모두 깨끗이 청소하여라.

효과음악 : 영화 “국가대표” OST

청소 남, 여 : 네, 임금님. (컬링 하는 모습으로 청소한다.)

청소 여 : (컬링 하듯) 먼지! 먼지! 먼지!

청소 남 : (빗자루로 바닥을 열심히 닦으며) 밀어, 밀어, 밀어, 밀어.

청소 여 : 빗자루~ 더. 더. 더.

청소 남 : 기다려.

효과음악 : 띠용과 물소리

왕 : (손으로 입을 막으며) 아이고, 이놈의 미세 먼지 때문에 죽겠네, 죽겠어. 아이고, 콜록. 콜록.

신하 : 먼지가 나지 않도록 물을 뿌려 청소하거라. 빨리. 빨리.

청소 남 : (팔을 휘두르며 서두르는 동작으로) 물을 뿌려라.

청소 여 : (양동이를 들고 물을 뿌리며 청소한다.) 물을 뿌려라.

청소 남, 여 : (물 그림의 긴 천으로 물을 뿌리는 시늉을 한다.)

왕 : (놀란 듯이 뒷걸음질하며) 아이, 이게 뭐야. (양팔을 하늘 높이 들고) 모두 물에 잠기겠다.

신하 : (양팔을 × 모양으로 저으며) 아이, 안 되겠다.
(하마가 등장하는 방향을 바라보며) 하마야! 얼른 물을 빨아 먹어라.

청소 남, 여 : (물을 빨아들이는 하마의 모습을 바라보며) 물이 들어간다. 쭉~쭉, 쭉~쭉.

왕 : (하마를 보며, 신나게 어깨춤을 추며) 그렇지, 그렇지 물이 들어간다. 쭉~쭉, 쭉쭉. 아이고, 잘한다. 옳지 잘 먹네.

하마 : (퇴장한다.)

효과음악 : 물 먹는 하마가 끝내줍니다.

왕, 신하, 청소 남, 여 : (관객을 바라보며 손으로 엄지 척) 물 먹는 하마가 끝내줍니다.

신하 : (고민하는 동작으로) 아아, 그럼 어떻게 길을 깨끗하게 한담?

효과음악 : 손가락 튕기는 소리 "띵"

신하 : (뭔가 생각이 난 듯 손가락을 튕기며) 아하, 길 위에 깨끗한 천을 까는 거예요.

왕 : (손뼉을 치며) 아! 그래, 그래. (양손을 앞으로 뻗으며) 그럼, 어서 길 위에 천을 깔도록 하여라.

신하 : 예이, 청소맨! 도~와~줘. 목소리가 너무 작은가?
(관객을 바라보며) 친구들아! 하나, 둘, 셋 하면 청소맨! 도~와줘! 하고 너희들도 같이 불러줘. (손을 들고 숫자를 세며) 하나, 둘, 셋 청소맨 도와줘.

효과음악 : 슈퍼맨 배경음악

청소 남 : (천을 들고 오며 바닥에 천을 깐다.) 깨끗한 천을 깔았습니다.

청소 여 : (자랑스러운 표정을 지으며) 자, 이 위로 걸으시면 되겠네요.
(앞쪽으로 한쪽 팔을 뻗어 길을 비키라는 동작으로) 임금님 나가신다. 길을 비켜라.

왕 : (허리에 뒷짐을 지며, 발 보폭을 크게 하여 걸으며) 에헴, 에헴.

(신이 난 듯 덩실거리며) 어? 발이 안 더러워지네? 앗싸.

신하 : 임금님! 그런데 길 위에 천을 깔면 꽃과 나무가 자랄 수 없습니다.

왕 : (당황스러워하는 동작으로) 그럼, 안되지 안 돼. 얼른 천을 치워라, 빨리 치워!

청소 남, 여 : (천을 치우는 동작을 하며) 빨리 치워, 치워.

청소 여 : (이마에 땀을 닦으며) 휴.

청소 남 : (관객들을 보고) 친구들아! 좋은 생각이 있어? (귀에 손을 대고) 뭐라고? 뭐라고? (고개를 끄덕인 후) 아, 신발을 신으면 된다고?

청소 남, 여 : 앗싸. 고마워, 친구들아.

왕 : (신기한 듯 놀라며) 오~호! 그렇구나. 이렇게 하면 발이 더러워지지 않겠구나. (신이 난 듯이) 좋은 생각이야. (가볍게 뛰면서 손뼉을 치며) 똑똑해요, 똑똑해.

조명 off

조명 on

제4막 궁전

파리 남 : (머리 위에 똥이 있는 것을 모르는 채로 등장)

파리 남, 여 : (양팔을 벌려 날개짓을 하며 왕과 신하의 발과 몸의 냄새를 맡으며 짜증난 목소리로) 에~엥. 신발 신지마! 신발 신지마! 더러운 발이 좋아, 좋아.

파리 남 : 큼큼, 아이 뭐야?

파리 여 : (두리번거리며) 어디선가 분명히 똥 냄새가 나는데 어디지?

파리 여 : (관객을 향해) 친구들! 친구~들! 어디선가, 똥 냄새 안나요?

파리 남 : (관객을 바라보며 이리저리 살피며) 큼큼, 어디야! 어디 가까이서 나는데?

파리 여 : (파리 남의 냄새를 맡으며) 너한테서 나는 냄새 아니야?

파리 남 : 무슨 소리! 난 절대로 아냐! (파리 여의 냄새를 맡으며) 너 아니야?!

파리 여 : 나 아니야, 아니야. 잠깐만! 너, 머리 위에.

파리 남 : 내 머리? 왜? 뭐가 있는데? 뭔데, 뭔데?

파리 여 : 너 머리 위에 또~또~또~똥이!

파리 남 : 똥? (머리를 만지며) 아악! 뭐야.

효과음악 : 천둥소리

파리 남 : (절규하듯이) 누가 내 머리 위에 똥 쌌어!

파리 남, 여 : (왕을 손으로 가리키며) 혹시? 혹~시?

왕 : (양팔을 휘저으며) 나, 아니야, 아니야, 난 너 머리에 똥, 안~쌌~어.

신하 : (파리채로 파리를 때리는 시늉하며) 어휴, 어이가 없네. 이 똥파리들이 감히 우리 임금님을.

효과음악 : 서둘러 도망가는 느낌

파리 남, 여 : (도망가며) 아악, 파리 살려. 왜 이래 진짜. 때리지 말아요. 때리면 나빠요.

신하 : (파리채를 휘두르며) 아니, 이놈의 똥파리들이. 아직도 있었어?

파리 남, 여 : (파리 퇴장하며) 으악.

신하 : (왕을 바라보며) 이야, 우리 임금님 진짜 깨끗하고 멋있어졌어요. 어? 잠깐, 임금님 얼굴에 김이?

왕 : (얼굴을 이리저리 만지며) 김? 김? 내 얼굴에 김이라니? 어디 어디?

신하 : 아니요, 흐흐흐. 잘생김~흐흐흐.

효과음악 : 궁중 악사

왕 : (신나게 춤을 추면서 얼굴을 만지며) 내 얼굴에 잘생김이 묻었구나. 하하하. (관객을 보며) 멋쟁이 친구들! 앞으로 나처럼 깨끗하게 잘 씻고.

신하 : (관객을 보며) 다음엔 더~ 멋진 모습으로 만나자.

왕, 신하 : 안녕.

(경쾌한 음악이 흐르며 막이 내린다.)

3 뚱보가 된 백설 공주

등장인물 날씬한 백설 공주, 날씬한 백설 공주 엄마(왕비), 뚱뚱한 백설 공주, 거울, 왕자

조명 on

제1막 정원

효과음악 : Love Rabbit의 "Bubble Love", 새 소리

날씬한 백설 공주 : (꽃에 밝은 목소리로 인사) 얘들아 안녕. 나의 사랑스러운 꽃들아. (꽃에 물을 뿌리는 동작을 한다.) 내가 물을 듬~뿍 줄게.

효과음악 : 물주는 소리(쏴×3)

날씬한 백설 공주 : 시원하지? 많이 먹어.

효과음악 : 말발굽 소리와 말 울음소리

왕자 : (다급히 공주를 찾는 동작을 취하며) 공주, 어디 있소? 공주? (두리번두리번) 대체 어디 있는 거요?

날씬한 백설 공주 : (왕자를 향해 손을 흔들며) 저 여기 있어요, 왕자님.

왕자 : (두리번거리다가 공주를 발견하고 다가가며) 아, 공주. 공주에게 급히 할 말이 있어 왔소.

날씬한 백설 공주 : 무슨 일이신데요?

왕자 : (망설이는 말투로) 그게 실은. 내가 몇 달 동안 먼~곳으로 가게 되었소.

날씬한 백설 공주 : (놀란 말투로) 세상에, 어디요?

왕자 : 해외 출장이요. 하지만 빨리 돌아올 테니 조금만 기다려주시오. 내가 보고 싶더라도 울지 말고, 밥 잘 먹고 엄마 말 잘 듣고 기다리고 있어요. 공주, 우리 뽀뽀나 한 번?

날씬한 백설 공주 : (부끄럽다는 듯이) 어머! 누가 보면 어떡해요.

왕자 : (두리번거리며 주위를 살핀다.) 아무도 없소, 공주. 우리 둘뿐이라오. (느끼한 말투로) 작별인사로 찐하게 뽀뽀나 한 번.

효과음악 : BLINK의 "Kiss Me"

왕자 : (공주에게 다가가며) 공~주.

효과음악 : 뽀뽀 소리

날씬한 백설 공주 : 아이 부끄러워요, 왕자님.

왕자 : 그럼 이만 가보겠소, 공주. 내가 보고 싶어도 울지 말고 기다리시오. (손을 흔들며 퇴장한다.)

날씬한 백설 공주 : (아쉬운 말투로 손을 흔들며) 잘 다녀오세요, 왕자님. 많이 보고 싶을 거예요.

효과음악 : 영화 "JAWS" OST

거울 : (분한 말투로) 어, 저 얄미운 것들. 예쁘고 잘생긴 것들끼리 논단 말이지. 이대로는 안 되겠어. 어떻게 하면 둘 사이를 갈라놓을 수 있을까? 흐흐흐.

거울 : 아하. 그러면 되겠군. 하하하.

조명 off

조명 on

제2막 공주의 방

날씬한 백설 공주 : (신나게 흥얼거리면서) 랄랄랄라라. 랄랄랄라라. 오늘은 날씨도 좋고. 기분도 좋고. 너무너무 좋아.

거울 : (낮게 속삭이는 목소리로) 공주야, 공주야, 이리 와보렴.

날씬한 백설 공주 : (빙그르르 돌다가 멈칫하며) 어? 누가 나를 불렀지? (관객을 보면서) 네가 나를 불렀니?

관객 : 아니.

날씬한 백설 공주 : 아니라고? 그럼 누가 나를 불렀지?

거울 : (답답하다는 듯한 말투로) 아니, 아니. 걔네들이 아니고 나야 나.

효과음악 : 프로듀스101

거울 : 나야 나. 흐흐. 바로 여기라고.

날씬한 백설 공주 : 어머, 거울이 말을 하잖아? (깜짝 놀라며 뒷걸음질을 친다.)
너 누구야? 대체 누군데 말을 하는 거니?

거울 : 난 나쁜 친구가 아니야. 널 해치지 않아.

날씬한 백설 공주 : (우물쭈물 망설이면서) 하지만.

거울 : (가식적인 목소리로) 내가 널 오래전부터 지켜봐 왔는데 넌 참 예쁘게 생겼단 말이지. 흐흐흐. 넌 누굴 닮아서 그렇게 예쁘니?

효과음악 : 박진영의 "어머님이 누구니"

날씬한 백설 공주 : (노래에 맞춰 춤을 추다가 거울 앞으로 달려간다.) 하하하. 넌 정말 사람을 보는 눈이 뛰어나구나. 참 웃기는 아이야. 호호호.

거울 : (꾀는 듯한 말투로) 그래서 말인데, 내가 더 아름다워지는 방법을 알려줄까?

날씬한 백설 공주 : 정말? 뭔데? 나 궁금해. 어서 알려줘.

거울 : (독백) 흐흐, 저 멍청한 백설 공주. 하하하. (밝은 목소리로) 공주야, 내 눈을 쳐다봐.

효과음악 : 최면 걸리는 소리

거울 : 넌 지금 배가 고프다. 얼른 부엌에 가서 피자와 햄버거를 마구마구 먹는다.

날씬한 백설 공주 : (머리를 짚고 비틀거리며) 어, 어. 왜 이러지? (우렁차고 다급한 목소리로) 아, 배고파. 엄마, 배고파, 배고파. 얼른 밥 줘. (퇴장한다.)

거울 : 흐흐흐. 저 멍청한 백설 공주. 널 뚱뚱이로 만들어주마. (우렁찬 웃음) 하하하.

조명 off

조명 on

제3막 주방

효과음악 : 삼총사의 "먹어, 먹어"

뚱뚱한 백설 공주 : (쩝쩝 소리를 내면서 음식을 먹는다.) 으음, 초코 케이크도 맛있고 치킨도 맛있어. 친구들아! 너희도 초코 케이크, 치킨 좋아하니?

관객 : (관객이 답변한다.)

뚱뚱한 백설 공주 : 뭐라고? 내가 조금 나눠줄까?

관객 : (관객이 답변한다.)

뚱뚱한 백설 공주 : 제일 예쁘게 앉아있는 친구한테 나눠줘야지. (관객을 향해 음식을 내밀었다가 다시 뒤로 빼며) 안 줘. 나 혼자 다 먹어 버릴 거야.

거울 : (구석에서 나타나 속삭이듯 공주를 부른다.) 공주야. 공주야. 여기로 잠깐 와보렴.

뚱뚱한 백설 공주 : 거울아, 왜 불러? (거울에 다가간다.)

거울 : 공주야. 지금의 너의 모습도 예쁘지만, 엄마에게 고래고래 소리를 지르고 물건을 던진다면, 넌 지금보다 훨~씬 더 예뻐질 거야.

뚱뚱한 백설 공주 : 고오~래? 알았어. 완벽하게 소리를 질러주지. 그럼 한 번 연습을. (우렁차게) 우와아악.

거울 : (공주를 지켜보다가) 흐흐흐, 계획대로 잘 되고 있군. (퇴장한다.)

효과음악 : 문 열리는 소리

엄마 : (조심스럽게 등장하며) 공주야, 배고프지? 여기 네가 좋아하는 생선이야. (생선을 내밀며) 한 번 먹어볼래?

뚱뚱한 백설 공주 : 싫어, 안 먹어. 생선 말고 달고 맛있는 케이크 가져와. (짜증을 내며 생선을 던진다.)

효과음악 : 음식이 날아가다가 떨어지는 소리 - 슈웅~ 퍽

엄마 : (화난 목소리로) 아니, 이 녀석이.

뚱뚱한 백설 공주 : (약 올리는 듯한 말투로) 흥! 먹기 싫은데 어쩌라구.

엄마 : 아니, 이 녀석이! 엄마 속도 모르고. 제발 엄마 말 좀 들어.

엄마 : 신현희와 김루트의 "오빠야" 멜로디의 신나는 목소리로)
공주야! 네가 정말 걱정돼서 그래. 눈앞에 아른아른하는 그 옛날 얼굴. 자꾸 귀에 맴도는 너의 상냥한 목소리.
너는 치킨 좋아하고, 쿠키 좋아하고, 초코 케이크 좋아하고, 사탕 좋아하고.
채소 먹으라고 하는데도 너는 편식만 해요.
너는 치킨 좋아하고, 쿠키 좋아하고, 초코 케이크 좋아하고 사탕 좋아하고.
채소 먹으라고 하는데도 너는 편식만 해요.

뚱뚱한 백설 공주 : (몸을 흔들며 소리를 지른다.) 그~만. (잠시 쉬고) 나는 편식을 하는 게 아니라 그냥 내가 좋아하는 걸 먹을 뿐이야. (관객을 향해) 친구들아, 너희들도 치킨 좋아하니? 피자는?

관객 : (관객이 답변한다.)

뚱뚱한 백설 공주 : 거봐 엄마, 친구들도 좋아하잖아.
나도 좋아하는 음식만 먹을 거야.

엄마 : 그러니까, 네가 살이 찌는 거야. (공주의 어깨를 툭 친다.)

효과음악 : Survivor의 "Eye of the Tiger"

효과음악 : 때리는 소리 – 퍽퍽

(엄마와 백설 공주가 다투는 동작을 한다.)

효과음악 : 배가 아파 꾸르륵거리는 소리

뚱뚱한 백설 공주 : (엄마와 다투다가 갑자기 배를 움켜쥐며) 아악. 배 아파. 엄마, 배가 너무 아파!

엄마 : 공주, 네가 자꾸 몸에 안 좋은 음식만 먹으니까, 배가 아픈 거잖니.

뚱뚱한 백설 공주 : 아니야. 난 배가 아파도 맛있는 음식을 계~속 먹을 거야. 초콜릿 줘. 아이스크림도 줘.

엄마 : (머리를 짚고 한숨 쉬며) 아휴, 정말. (퇴장한다.)

조명 off

조명 on

제4막 공주의 방

(백설 공주는 초코 케이크를 먹고 있다.)

뚱뚱한 백설 공주 : 으음~ 맛있다. (맛있게 먹으며) 초코 케이크는 정말 달콤해.

엄마 : (폭식하는 공주를 지켜보며 고개를 절레절레 젓는다.) 얘, 적당히 좀 먹어. 대체 언제까지 먹을 거니? 벌써 다섯 시간째 먹고만 있잖아.

뚱뚱한 백설 공주 : (약 올리는 말투로) 어찌하라고.

효과음악 : 말발굽 소리

왕자 : (목소리만 들린다.) 공주, 어디 있소. 내가 왔소.

뚱뚱한 백설 공주 : (왕자의 목소리를 듣고 놀라 손에 들고 있던 초코 케이크를 떨어뜨린다.) 어? 이 목소린? (반가운 목소리로) 왕자님.

효과음악 : 문 열리는 소리

효과음악 : TV는 사랑을 싣고 BGM

왕자 : (방으로 들어서며 두리번거린다.) 공주, 어디 있소? 내가 왔소, 공주. 너무 보고 싶었소.

뚱뚱한 백설 공주 : 왕자님, 저 여기 있어요.

왕자 : (두리번거리며) 어디? 어디? 아니 도대체 어디 있단 말이요?

공주 : 아이, 정말. 여기요, 저 여기 있잖아요.

왕자 : (두리번거리다가 엄마를 보고 달려간다.) 공주, 왜 이리 야위었소. (걱정 가득한 목소리로 묻는다.)

효과음악 : 황당한 소리 – 띠용

엄마, 뚱뚱한 백설 공주 : (황당하다는 듯 왕자를 쳐다본다.)

엄마 : 아니, 정서방. 난 공주가 아니라 자네 장모일세. (옆에 있던 뚱뚱한 백설 공주를 가리키며) 공주는 바로 여기 있잖나.

왕자 : 뭐라고요? (공주를 쳐다본다.)

효과음악 : 베토벤의 "운명"

왕자 : (뒷걸음치며) 아, 아니. 공주? 내가 아는 그 공주가 맞단 말이오? 세상에, 도대체 무슨 일이 있었던 거요. 따흑.

왕자 : (관객을 향해서) 얘들아, 공주에게 무슨 일이 있었는지 아니? 공주가 왜 저렇게 뚱뚱해졌어?

관객 : (관객의 답변을 기다린다.)

왕자 : 뭐라고? 맙소사, 그게 정말이야?
그럼 어떻게 하면 되겠니?

관객 : (관객의 답변을 기다린다.)

왕자 : 그래, 알았어. 고마워.

왕자 : (엄마의 손을 잡아끌며) 장모님, 우리 함께 공주를 지켜봅시다.

엄마 : 그래, 그러세.

(엄마와 왕자가 구석에 숨는다.)

조명 off

조명 on

뚱뚱한 백설 공주 : (거울에게 짜증을 부리며 따진다.) 야, 거울. 이게 뭐야. 왕자님이 날 못 알아보시잖아. 장난해? 더 예뻐지는 방법을 알려준다며.

거울 : (얍삽하고 뻔뻔한 말투로 공주를 꾀어낸다.) 그래그래. 네가 너~무 예뻐져서 왕자가 널 못 알아본 거야. 내가 시키는 대로 하면 분명 왕자가 너를 엄청나게 좋아할 걸? 내가 부엌에 맛있는 쿠키를 준비해놨으니 쿠키를 먹고 낮잠 한숨 자는 건 어떠니? 흐흐흐.

뚱뚱한 백설 공주 : (거울의 말에 망설이다가 결심한 듯) 좋아, 좋아. (신나는 목소리로) 그래야겠다! 어서 먹으러 가야지. (신나게 노래) 쿠키 좋아. 쿠키 좋아. 쿠키 주세요, 더 주세요. (퇴장한다.)

왕자 : (숨어서 지켜보던 왕자가 의지에 찬 말투로) 저 못된 거울이 감히

나의 공주를!

엄마 : 정서방, 우리 힘을 합쳐 거울을 떼어버리세.

효과음악 : MISSION IMPOSSIBLE THEME－Michael Giacchino.

(음악에 맞추어서 엄마와 왕자가 거울을 향해 다가간다.)

왕자 : 이 못된 거울아. (거울을 붙잡고 떼어내려고 한다.)

거울 : 아니, 어떻게 알았지?! 내가 그렇게 쉽게 떼어질쏘냐.

엄마, 왕자 : 왜 이렇게 안 떼어지는 거야. (엄마와 왕자가 튕겨 나간다.)

엄마 : (관객을 향해) 친구들! 친구들이 모두 함께 영차, 영차 하고 함께 외쳐줘. (왕자가 거울을 잡고 있으면 엄마는 왕자의 허리를 잡아서 힘을 합치는 행동으로) 시~작.

관객, 엄마, 왕자 : 영차. 영차. 영차. 영차.

거울 : (거울이 조금씩 흔들린다.) 아, 안 돼.

효과음악 : 때리는 소리－퍽

왕자 : (거울을 퍽 친다.)

거울 : 끄아아아아아아아악.

효과음악 : 휙, 쨍그랑, 주문이 풀리는 소리

뚱뚱한 백설 공주 : (큰 소리에 놀라 방으로 달려온다.) 어머, 이게 무슨 소리지? (저주가 풀린 공주가 머리를 짚으며) 아이, 머리야. 갑자기 머리가 아프네. (머리를 잡으려는데 팔이 안 올라간다.) 이게 뭐야? 팔이 안 올라가잖아? (자신의 몸을 살펴보고 놀란다.) 세상에, 내 몸이 왜 이래.

왕자 : (공주에게 다가와) 진정하시오, 공주. 잠시 거울의 못된 저주에 걸린 것뿐이라오.

뚱뚱한 백설 공주 : 세상에, 저주라뇨?

엄마 : 너무 걱정하지 마. 이제부터 맛있는 채소 골고루 먹고, 운동도 열심히 하면 다시 예전으로 돌아갈 거란다.

조명 off

조명 on

제5막 정원

효과음악 : 핑크퐁 체조

(엄마, 공주, 왕자는 음악에 맞추어 함께 율동한다.)

뚱뚱한 백설 공주 : (거친 숨을 몰아쉰다.) 헉헉. 힘들어. (울먹이며) 운동을 너무 열심히 했더니 배고파.

엄마 : 그럴 줄 알고, 운동 후 먹으면 더 맛있는 가지를 준비했지.

뚱뚱한 백설 공주 : 우와 맛있겠다. (맛있게 가지를 먹다가 은근슬쩍 엄마, 왕자를 바라보며) 엄마, 왕자님. 우리 이거 먹고 치킨 한 마리 콜?

왕자, 엄마 : (동시에 소리 지르며) 공주!

뚱뚱한 백설 공주 : 아이쿠, 깜짝이야. 농~담. 하하하.

조명 off

조명 on

효과음악 : 트와이스의 "CHEER UP"

(뚱뚱한 백설 공주의 그림자가 조깅하듯이 뛰어다니며 운동을 한다.)

뚱뚱한 백설 공주 : 헉헉. 힘들어.

엄마 : (목소리만 들린다.) 공주야, 힘내. 파이팅.

(날씬한 백설 공주 그림자 등장한다.)

날씬한 백설 공주 그림자 : 아휴, 힘들어라. 운동이 이렇게 힘든 건 줄 몰랐어. (날씬한 백설 공주의 그림자가 퇴장한다.)

조명 off

조명 on

(왕자와 엄마가 함께 등장한다.)

왕자 : (토마토를 들어 보여주며) 공주, 오늘도 맛있는 채소를 들고 왔소. 내가 직접 재배한 유기농이오.

엄마 : 어머, 우리 공주가 어디 갔지? (두리번거리며 공주를 찾는다.)

날씬한 백설 공주 : (목소리만 들린다.) 잠시만요. 조금만 기다려주세요. (날씬한 백설 공주가 멀리서 다가온다.)

효과음악 : 안녕바다의 "별 빛이 내린다"

날씬한 백설 공주 : 왕자님, 오래 기다리셨죠. 기다리고 기다리셨던 공주가 돌아왔어요.

효과음악 : 놀라는 소리 - 띠용

왕자 : (채소를 떨어뜨리며) 공~주. 정말 아름답소.
(공주에게 가까이 다가가 손을 붙잡는다.)

공주 : (부끄럽다는 듯 몸을 좌우로 흔들며) 아~잉. 전 원래 예뻤잖아요. 왕자님.

왕자, 공주 : (왕자와 공주가 서로 마주 본다.)

효과음악 : Cranberries의 "Ode To My Family"

왕자 : 공주, 우리 뽀뽀나 한 번?

날씬한 백설 공주 : 네? 부끄러워요, 왕자님.

왕자 : 부끄럽긴 뭐가 부끄러워요. 공주.

공주, 왕자 : (서로 웃으며 껴안는다.)

엄마 : (두 사람의 애정행각을 보고 눈을 가린다.)

효과음악 : 참 좋은 말

날씬한 백설 공주 : 이제 머리도 아프지 않고, (배를 짚으며) 배도 아프지 않아요.
저를 위해 함께 고생해준 엄마와 왕자님 모두 사랑해요.
우리 친구들도 모두 나를 도와줘서 정~말 고마워. (손을 흔든다.)

(모든 등장인물이 "참 좋은 말" 노래에 맞추어 관객들을 향해 인사를 하고 막이 닫힌다.)

4 며느리 방귀

등장인물 해설자, 남편, 며느리, 시아버지, 시어머니, 그릇장수, 왕배, 문, 기둥, 절구

조명 on

제1막 시댁 집 마당

효과음악 : 평화로운 음악

해설자 : 옛날에 곱고 참한 처녀가 살고 있었대. 그런데 이 처녀는 사흘마다 방귀를 한 번씩 시원하게 뀌어야 한다는 거야. 그렇지 않으면 견딜 수가 없었거든. 이런 처녀가 결혼하게 됐는데, 방귀를 어떻게 참았는지 친구들 한 번 볼까? (퇴장한다.)

며느리 : (두리번거리며 등장한다. 입에 손을 가져다 대며) 아 참! 내 방귀 얘긴 쉿! 쉿! 비밀이야.

해설자 : 그런데 날이 갈수록 며느리의 얼굴이 누레지는 것이 아니겠어?

시아버지 : (걱정스러운 어투로) 며늘아가. 음식을 잘 못 먹어서 그런 게냐, 아니면 어디가 아픈 게냐. 얼굴이 누런~메주 덩이 같구나.

효과음악 : 띠용

며느리 : (고개를 저으며) 그런 것이 아니라요. (뜸을 들인다.)

시아버지 : (한숨을 쉬며) 어휴. 얼른 말해 보아라. 답답하구나.

며느리 : (부끄럼을 타며) 사실. (뜸을 들인다.)

시아버지 : (답답하듯 가슴을 치며 관객을 바라보며) 얘들아!

관객 : (답변한다.)

시아버지 : 얘들아! 우리 며느리가 왜 그러는지 아니?

관객 : (답변한다.)

며느리 : (부끄러워 작은 목소리로) 사실, 방귀를 못 뀌어서 그래요.

시아버지 : (크게 웃으며) 허허허, 부끄러워하지 말고 마음껏 뀌거라.

며느리 : (눈치를 보며) 제 방귀가 조금 어마어마해서요.

시아버지 : (더 크게 웃으며) 허허허. 내 호랑이 방귀만큼 어마어마할까. (말이 끝나자마자 큰 방귀를 뀐다.)

효과음악 : 방귀 소리

며느리 : (시아버지의 방귀 소리에 용기를 얻어) 그럼 제가 한 번 (힘주는 소리) 으흥! 뿡! 으~흥! 뿡!

효과음악 : 방귀 소리

(문짝, 절구, 기둥이 흔들린다.)

(시어머니와 남편 등장한다.)

시어머니 : (놀란 듯) 아이고, 이게 무슨 소리래.

남편 : (고개를 끄덕이며 맞장구를 친다.) 그러게요, 어머님.

며느리 : ("나처럼 해봐요" 곡에 맞추어 노래하며 방귀 뀌는 동작을 한다.) 나처럼 해봐요. 이렇게. 뿡. 나처럼 해봐요. 이렇게. 뿡.

시아버지 : (놀랐지만 아무렇지 않게 웃으며) 허허허. 아이고. 네 방귀 소리에 문, 절구, 기둥이 흔들흔들하는구나, 이제 시원하냐?

며느리 : (당당한 목소리로) 아직 조금 남았는데 마저 뀌어도 될까요?

시아버지, 시어머니 : (마주 보고 긴장하며 놀란 듯이) 헛!

시아버지 : 그럼, 그럼.

시어머니 : 그럼, 그럼.

며느리 : (결심한 목소리로) 호호호. 아버님은 기둥을 잡으시고.

시아버지 : (기둥에 자석처럼 달라붙는다.) 나는 기둥.

며느리 : (결심한 목소리로) 어머님은~ 절구를.

시어머니 : (절구에 자석처럼 달라붙는다.) 나는 절구.

며느리 : (결심한 목소리로) 당신은 문짝을 꽉 잡으세요.

남편 : (문짝에 자석처럼 달라붙는다.) 나는 문짝.

며느리 : 자~ 준비하시고, 쏩니다.

효과음악 : 방귀 소리 3번

(바람이 불며 시댁 식구들과 기둥, 절구, 문짝, 그릇들이 날아간다.)

시어머니 : (놀라서 큰 목소리로) 아이고, 방귀 소리에 우리 집이.

효과음악 : 엑소의 "위아래"

시어머니, 며느리 : (음악에 맞추어 춤을 춘다.)

시아버지 : (화를 내며) 아니, 이게 무슨 일이야. 절구도 날려버리고, 기둥도 날려 버리고, 문짝, 밥 먹을 그릇까지 날려 버리다니. 당장 너희 집으로 돌아가거라.

효과음악 : 베토벤의 "운명"

남편 : (바닥에 주저앉으면서 안타까운 목소리로) 여보.

조명 off

조명 on

효과음악 : 비틀스의 "렛잇비"

며느리 : (울먹이며 비틀스의 "렛잇비" 곡에 맞추어 다음과 같이 노래한다.) 후유. 방귀 뀌란 시아버지 말씀에 시원하게 뀌었더니 돌아오는 말은 결국 너희 집 가라. 우, 괜히 뀌었네, 괜히 뀌었네, 괜히 뀌었네, 괜히 뀌었네, 그냥 노란 메줏덩이로 살아갈걸. 우.

해설자 : 저런, 저런. 친구들!

관객 : (답변한다.)

해설자 : 며느리는 어떻게 될까?

조명 off

조명 on

제2막 배나무밭

그릇장수 : (무대 한 바퀴 돌며) 그릇 사시오. 그릇 사시오.
반짝반짝 빛나는 은그릇. 번쩍번쩍 빛나는 금 그릇도 있어요.

그릇장수 : 아이고, 목말라. (배나무를 바라보며 입맛을 다신다.)
쓰읍. 저 왕배 하나 따 먹으면 시~원할 텐데. 어떻게 따 먹지? 저 왕배를 따준다면 제일 값진 이 금 그릇을 줄 텐데 말

이야.

왕배 : (계속 잘난 척하는 동작을 한다.)

며느리 : (그릇장수의 말을 듣고 시아버지의 말을 회상한다.)

효과음악 : 시아버지의 말 회상 - 절구도 날려버리고. 기둥도 날려버리고. 문짝, 밥먹을 그릇까지 날려 버리다니.

며느리 : (혼잣말) 옳지. 저 금 그릇만 있다면 다시 돌아갈 수 있어.

며느리 : 친구들!

관객 : (답변한다.)

며느리 : 저기 저 왕배를 어떻게 따면 될까?

관객 : (답변한다.)

며느리 : (홍진영의 "너 따라 하기" 동작) 너희들.
(그릇장수를 보며) 제가 따드릴게요.

그릇장수 : 쳇. (위, 아래를 훑으며) 네가?

효과음악 : 지드래곤의 "Heartbreaker" - "나도 어디선 꿀리진 않아" 가사 내용 부분

그릇장수 : (거만한 목소리로) 좋아, 네가 저 왕배를 따준다면 내가 가장 아끼는 이 금 그릇을 주지!

며느리 : (온화하게 웃으며) 네, 좋아요.

그릇장수 : 하지만, 내가 왕배를 딴다면 넌 내 그릇들을 몽땅!
(귀여운 목소리로) 사줘야 돼~엥.

며느리 : (자신감 넘치는 목소리로) 좋아요. 그럼 시작해 볼까요?

그릇장수 : (비웃으며) 내가 먼저 해보지.

효과음악 : 크레용팝의 "빠빠빠"

그릇장수, 왕배 : (음악에 맞추어 왕배와 그릇장수가 밀고 당기는 동작하면서 왕배가 나무에 다시 붙는다.)

그릇장수 : (당황한 표정으로 눈치를 보며) 어, 이럴 수가.

며느리 : (당당하게) 이제 제 차례예요, 나무를 꼭 잡고 있으세요.

그릇장수 : (비웃으며 뒷짐을 진다.) 아, 됐고. 한 번 해보시지.

며느리 : (치마를 살짝 걷어 올리며) 기가 산다. 기가 팍팍. 으흥. 뿡. 으~흥. 뿡.

효과음 : 왕배가 떨어지는 소리 - 쿵

왕배 : (왕배가 떨어진다.)

왕배 : (무대 위를 까불거리며 한 바퀴 돌며) 나는 왕배. 흐흐흐. 왕배. 하하. 맛있는 왕배. 시원한 왕배. 흐흐흐.

며느리 : (팔짱을 끼고 그릇장수를 보며 호탕하게 웃는다.) 하하하.

그릇장수 : (놀라서 큰 목소리로) 아, 아니. 방귀만으로 왕배를 따다니.

왕배 : (그릇장수 옆으로 가며) 나는야! 왕배. 하하하.

그릇장수 : (울먹이면서) 약속대로 내 금 그릇을 주지.
(왕배를 움켜잡고 금 그릇을 준다.)

며느리, 그릇장수 : (음악에 맞추어 금 그릇을 줄다리기하는 것처럼) 으응. 으응.

며느리 : 에잇.

효과음악 : Queen의 "We Are The Champions"

며느리 : (금 그릇을 확 채간 후 한 손으로 금 그릇을 들고 자랑한다.)

며느리 : (그릇 장수에게 계속 고개를 숙이며) 감사합니다. 정말 감사해요.

그릇장수 : (그릇장수 흐느끼며 퇴장한다.)

효과음악 : 슈퍼 매직

남편 : (무대 커튼 뒤에서 머리만 내밀고 지켜보고 있다가) 그래 결심했어. 당장, 어머니, 아버지께 말씀드려야겠군. (남편 퇴장한다.)

효과음악 : 사라지는 음악 - 쉬잉

조명 off

조명 on

제3막 시댁 집 마당

시아버지, 시어머니 : (무대 위에 등장한다.)

남편 : (숨 가빠하며) 아, 아버지. 어, 어머니. 아 글쎄.

효과음악 : 2배속 목소리

남편, 시아버지, 시어머니 : (음악에 맞추어 남편은 그동안 일어난 상황을 동작으로 표현하고, 부모님은 듣는 행동을 한다.)

시아버지, 시어머니 : (놀라며) 그게 정말이냐?

시아버지 : 그냥 방귀가 아니고 복 방귀였구나.

시어머니 : 얼른 나가서 우리 며느리를 데리고 오너라.

효과음악 : 쉬~잉

남편 : 예. (뛰어나간다.)

조명 off

조명 on

제4막 배나무밭

남편 : (헐레벌떡 뛰며) 여보~ 여보~

효과음악 : Paul Anka의 "You Are My Destiny"

며느리, 남편 : (며느리와 남편이 두 손을 마주 잡고 돈다.)

며느리 : (기쁨의 눈물을 흘리며) 흑흑, 서방님 제가. (금 그릇을 보여 주려고 한다.)

남편 : 쉿! 알아요. 알아요. 말 안 해도 알아요.

며느리 : (울먹이며) 서방님.

남편 : (기쁜 목소리로) 얼른 아버지와 어머니가 기다리고 계시는 집으로 돌아갑시다.

며느리 : (놀란 목소리로) 네? 그게 무슨, 말씀이세요?

남편 : (침착하게) 내가 그릇장수 얘기를 전~부 말씀드렸어요.

며느리 : (기쁜 목소리로) 정말? 정말? 정말? 정말?

남편 : (고개를 끄덕인다.)

효과음악 : 희망적인 노래

남편, 며느리 : (음악에 맞추어서 퇴장한다.)

조명 off

조명 on

제5막 집

효과음악 : 새소리

시아버지, 시어머니 : (웃으며) 아이고, 우리 복 방귀 며느리가 돌아왔구나.

시아버지, 시어머니, 남편, 며느리 : 호호호, 하하하, 허허허.

며느리 : (벅찬 목소리로) 그러면 여기서 다시 지내도 되는 건가요?

시아버지 : (아카펠라) 당근이지!

시어머니 : (아카펠라) 당근이지!

남편 : (아카펠라) 당근이지!

며느리 : (아카펠라) 당근!

효과음악 : 당근 송

모든 등장인물 : (음악에 맞추어 춤을 춘다.)

해설자 : 그 후 며느리는 시아버지와 시어머니를 모시며 아주 행복하게 살았대요.

효과음악 : 뽕 뽀로 롱 뽕뽕 뽀 로로 뽕뽕 뽕 뽀 옹.

(막이 내린다.)

5 빨간 망토를 도와주세요!

등장인물 빨간 망토, 늑대, 개구리, 고양이, 돼지

조명 on

제1막 주방

효과음악 : 쿠키런 노래

효과음악 : 냄비 달그락

빨간 망토 : (손에 휘핑기를 들고 랩 한다.) 체킷 체킷, 드롭 더 비트.

효과음악 : 비트

빨간 망토 : (음악에 맞추어) 초코 쿠키. 딸기 쿠키. 예예예.
(소품인 버터와 설탕을 움직이면서) 버터를 넣어. 설탕을 넣어. 예~.
초코 쿠키랑. 딸기 쿠키랑. 다다다. 내가 만들었어. 맛있는 쿠키를 할머니께 가져다 드릴거야.

조명 off

조명 on

제2막 집이 있는 숲길

효과음악 : 임자연의 "가까워지는 일"

빨간 망토 : (쿠키 보따리를 메고 집을 나간다.)

효과음악 : 조심해요.

엄마 : (집에 있는 엄마 그림자로 표현) 빨간 망토 잘 다녀와.

모르는 사람이 도와달라고 하면 "안돼요"라고 말해.
그리고 모르는 사람 따라가면 안 되는 거 알지?

빨간 망토 : 아휴! 엄마도 참. 걱정 마세요. 혼자서도 할머니 집에 갈 수 있다고요.

효과음악 : 혼자서도 잘해요.

빨간 망토 : (음악에 맞추어서 율동한다.)

빨간 망토 : (독백) 혼자서 할머니 집에 가는 건 아주 힘든 일이지.
(자신감 충만한 목소리로) 나야 뭐든지 척척 잘하지만.

조명 off

조명 on

효과음악 : Jay M의 "장난감 숲"

빨간 망토 : (걸어가면서 큰 초코 칩 쿠키를 떨어트린다.)

효과음악 : 통 통 통 통

늑대 : (큰 초코 칩 쿠키를 주우며) 어? 이게 뭐지?

효과음악 : 소녀시대의 "쿠키 송"

늑대 : (냄새를 맡으며) 음, 맛있는 쿠키다. 누가 떨어트렸나봐. 누가 흘렸지? 주인을 찾아주어야겠어! (관객석을 보며) 친구들. 친구들. 이 쿠키 누구 건지 아니?

관객 : (관객이 대답할 시간을 준다.)

늑대 : 아! 빨간 망토 거구나. (빨간 망토를 가리키며) 저기 빨간 망토 아니야? (빨간 망토를 부른다.) 빨간 망토!

빨간 망토 : (늑대를 보고 깜짝 놀란다.) 으악! 늑대다. (도망가듯이 퇴장한다.)

늑대 : 빨간 망토야. 잠시만.

빨간 망토 : 으아아아악!

효과음악 : 슁

늑대 : 오? 쿠키가 떨어진 것도 모르고 그냥 가네.

조명 off

조명 on

효과음악 : 썬차일드의 "늑대 송"

빨간 망토 : 썬차일드의 (빨간 망토 노래에 맞추어 춤을 춘다.)

빨간 망토 : 휴우, 늑대는 무서워. 늑대는 이빨도 날카롭고, 발톱도 너무 뾰족해. 늑대는 분명 나를 잡아먹을 거야.

조명 off

조명 on

제3막 숲길

효과음악 : 올챙이와 개구리

개구리 : (노래를 부르며) 알통 한 개 쑥!

효과음악 : 쑥

개구리 : (노래를 부르며) 알통 두 개 쑥!

효과음악 : 쑥

개구리 : (노래를 부르며) 팔딱팔딱 개구리 됐네. (무서운 개구리 그림자 등장하며) (음침한 목소리로) 개굴개굴, 오늘은 누구를 데려가 볼까? 어? 빨간 망토잖아. 좋아. (짐을 내려놓고 빨간 망토에게 다가간다.) (불쌍하고 힘없는 목소리로) 빨간 망토. 빨간 망토. 나 좀 도와줘. 저 무거운 짐을 옮기는 것을 도와줄 수 있겠니?

빨간 망토 : 음, 좋아요.

엄마 : 빨간 망토, 잠깐!

효과음악 : 빠밤

효과음악 : dead silence theme

빨간 망토 : 생각해 보니 좀 이상해. 개구리는 알통도 있고, 나보다 더 힘세 보이잖아.

개구리 : (근육을 뽐내다 빨간 망토와 눈이 마주치자 약한 척한다.)

빨간 망토 : 그런데 왜 나한테 도와 달라는 거지? 미안하지만 전 힘이 없

어서 도와드릴 수가 없어요. 저보다 더 힘센 어른에게 부탁해 보세요.

효과음악 : 와 와 와 왕

개구리 : 쳇, 어떻게 알았지? (개구리, 개구리 그림자와 빨간 망토는 퇴장한다.)

늑대 : (헉헉거리며) 이 쿠키를 빨간 망토에게 줘야 하는데.

효과음악 : 바이 준의 "오늘은 우아한 하루"

조명 off

조명 on

효과음악 : 인크레더블, 타블로, 지누션의 "오빠 차"

효과음악 : 빵빵

고양이 : (무서운 고양이 그림자와 함께 등장) 야옹. 오늘은 누구를 데려가볼까? 어? 빨간 망토잖아. 좋아. (빨간 망토에게 다가간다.) (아주 친절한 목소리로) 빨간 망토. 빨간 망토. 안녕. 난 네 엄마친구다. (고양이 세수하는 행동을 하며) 야~옹.

빨간 망토 : (망설이듯이) 아. 아. 안녕하세요.

고양이 : 어디 가냐? (고양이 세수하는 행동을 한다.) 야옹?

빨간 망토 : 할머니께 쿠키를 전해드리러 가는 중이에요.

고양이 : 정말 착하구나. 내가 태워다 줄게. 어서 타.

빨간 망토 : 네. 좋아요.

엄마 : 빨간 망토, 잠깐.

효과음악 : 빠밤

효과음악 : Dead silence theme

빨간 망토 : 생각해 보니 좀 이상해. 저 고양이를 본 적이 없는걸.

빨간 망토 : 전 아줌마를 처음 보는 걸요? 미안하지만 같이 갈 수 없어요.

효과음 : 와 와 와 왕

고양이 : 쳇, 어떻게 알았지? (고양이, 고양이 그림자, 빨간 망토가 퇴장한다.)

늑대 : (헉헉거리며) 도대체 어디까지 간 거야? (관객을 보며) 친구들. 친구들. 빨간 망토가 어디로 갔는지 아니?

관객 : (대답한다.)

늑대 : 아, 그래? 고마워.

효과음악 : good night - 하오

조명 off

조명 on

제4막 숲길

효과음악 : 날아라 슈퍼보드(저팔계 송)

돼지 : (무서운 돼지 그림자와 함께 등장) 꿀꿀. 오늘은 누가 좋을까? 어? 빨간 망토잖아. 좋아. (큰 손으로 빨간 망토 팔을 잡으며) 빨간 망토. 빨간 망토. (큐! 동작하며) (느끼한 목소리로) 안녕.

빨간 망토 : (작은 목소리로) 아. 아. 안녕하세요.

돼지 : (어깨동무하며) 어디 가니?

빨간 망토 : (작은 목소리로) 할머니께 쿠키를 전해드리러 가는 중이에요.

돼지 : 너, 정말 착하고 예쁘구나! 착한 어린이에게는 돼지 아저씨의

효과음악 : 쪽쪽

돼지 : 뽀뽀 상을 줘야지. 우~

효과음악 : KISS ME

빨간 망토 : 싫어요. 안돼요. 꺅.

효과음악 : 죠스

빨간 망토 : (독백) 너무 무서워서 몸을 움직일 수 없어. (관객을 바라보며) 친구들. 친구들.

관객 : (대답한다.)

빨간 망토 : 나 좀 도와줘! 내가 힘을 낼 수 있게, 다 같이 외쳐줘. 우리 하나 둘 셋 하면 “도와주세요.” 라고 외쳐 보자. 하나 둘 셋.

관객 : 도와주세요.

빨간 망토 : 도와주세요. 더 크게 외쳐보자! 하나 둘 셋.

관객 : 도와주세요.

효과음악 : 쨍그랑.

빨간 망토 : 도와주세요!

늑대 : (주위를 살피는 동작을 하며) 어, 이게 무슨 소리지?
(긴박한 목소리) 빨간 망토가 위험해.

효과음악 : Propellerheads의 "Spybreak!"

늑대, 돼지 : (효과음악에 맞추어 서로 싸우는 장면 표현한다.)

효과음 : 늑대 울음소리 – 아~우.

늑대 : (발로 차듯이) 저리 가.

효과음악 : 축구공 소리 – 뻥 × 3

돼지 : (괴성을 지르며) 으아악. 어떻게 알았지? (날아가듯이 퇴장한다.)

효과음악 : 와 와 와 왕

조명 off

조명 on

효과음악 : "울다가 웃다가(바람의 화원 OST)"

늑대 : 빨간 망토. 괜찮니?

빨간 망토 : 네가 구해줘서 이제 괜찮아. 늑대야! 고마워. (관객을 보며) 친구들. 친구들도 도와줘서 정말 고마워.

늑대 : 정말 큰일 날 뻔했어. 아, 참. (큰 초코 칩 쿠키를 건네며) 이거 아까 네가 떨어뜨린 쿠키야!

빨간 망토 : 어, 정말 내가 떨어뜨린 쿠키네. 난 그런 것도 모르고. 네가 무서워서 도망쳤어. 미안해.

늑대 : 괜찮아.

빨간 망토 : (큰 초코칩 쿠키를 건네며) 쿠키 하나 줄까? 내가 만들어서 진짜 진짜 맛있어.

늑대 : 고마워. (쿠키를 허겁지겁 먹는다.) (몸을 떨며) 음, 맛있다.

효과음악 : "울다가 웃다가(바람의 화원 OST)"

빨간 망토 : 그럼, (늑대에게 쿠키가 든 봉지를 주며) 이것도 다다다 너 먹어!
우리, 이제 친구지?

늑대 : 그럼, 당연하지.

효과음악 : 쥬니어네이버의 "우린 친구"

효과음악: "언제나 몇 번이라도(센과 치히로의 행방불명 OST)"

조명 off

조명 on

제5막 할머니 집

효과음악 : 아래의 빨간 망토가 한 말 빨리 감기

(창틀에 할머니와 빨간 망토 그림자가 서로 이야기하는 장면 표현)

빨간 망토 : (들뜬 목소리로 빠르게) 할머니, 할머니. 오늘 굉장한 일이 있었어요. 글쎄, 알통 개구리가요. 나에게 짐을 들어달라고 했어요.
엄마 목소리가 들려서 미안하지만 도와드릴 수 없다고 했어요.
그리고 고양이도 만났고요. 돼지 아저씨도 만났어요.
돼지 아저씨가 뽀뽀하려고 했어요.
너무 무서웠는데 사람들한테 도와달라고 외쳤어요.
그때 늑대가 나타나서 저를 도와줬어요.

할머니 : 그래. 그래. 우리 빨간 망토가 좋은 친구를 만났구나.

효과음악 : 엄마는 사랑을 만드는 요술쟁이

빨간 망토 : 저 그런데 할머니, 엄마 목소리가 날 자꾸 따라다녀요.

할머니 : 그건 엄마가 빨간 망토를 사랑하기 때문이지.

빨간 망토 : 알아요. 나도 다다다, 알고 있어요.

효과음악 : "엄마는 사랑을 만드는 요술쟁이" 음악이 점점 커진다.

(막이 닫힌다.)

6 신비 유치원에 간 치코

등장인물 치코(남자), 하나(여자), 대식(남자), 엄마, 선생님(마법사)

조명 on

제1막 놀이터

효과음악 : 뽀로로 오프닝

치코 : (춤을 추면서 등장) 노는 게 제일 좋아. 친구들 모여라. 호우. 언제나 오후. 즐거워. 개구쟁이 치~코.

효과음악 : 깡통을 차는 소리

치코 : (깡통을 차는 시늉을 하며) 에잇, 짜증 나. 짜증 나. 왜 이렇게 더운 거야. (손으로 부채질하는 시늉을 하면서, 목에 손을 갖다 대며) 어우우, 목말라.

효과음악 : 음료수 먹는 소리

대식 : (음료수를 먹으며 터덜터덜 등장한다.)

치코 : (대식을 가리키며) 어 저게 누구야? 대식아~ 대식아~

대식 : 어? 치코야? 안녕.

치코 : (손으로 음료수를 가리키며) 대식아! 너 손에 든 거 뭐냐?

대식 : 이거?

효과음악 : 음료수 먹는 소리

대식 : (음료수를 먹으며) 콜란데?

치코 : 뭐~? 콜라라고? (길게 이름을 부르며) 대식아! 딱~ 한 입만.

대식 : 안 돼. 조금밖에 안 남았어.

치코 : 아, 조금만 먹을게. (몸을 흔들며) 한 입만. 한 입만.

대식 : 안 돼. (홱 돌아서며) 이거 마지막이야.

치코 : 야, 뚱땡아! 그러니까 네가 살찌는 거 아니야.

대식 : (치코를 바라보며) 뭐? 뚱.땡.이?

효과음악 : iKON의 "사랑을 했다" 멜로디

치코 : (iKON의 "사랑을 했다" 멜로디에 맞게 부르면서 대식에게 서서히 다가가며) 대식이 뚱땡이. 대식이 뚱땡이. (두 손을 왼쪽으로 뻗으며) 호후.

대식 : (화를 내며) 뭐? 뚱땡이? 하지 마.

치코 : (이상한 표정으로 따라 하며) 뭐? 뚱땡이? 하지마.

대식 : (두 팔을 위로 올리며) 아이참, 따라 하지 말라고.

치코 : (친구와 같이 행동하며 동시에) 아이참, 따라 하지 말라고!

대식 : (울먹이며) 흑흑흑, 너랑 안 놀아. 엄마한테 다 일러.

치코 : (호탕하게 웃으며) 하하하, 너무 재미있어. 역시 대식이 놀리는 게 세상에서 제일 재밌단 말이지. (관객들을 바라보며) 너희도 친구들 놀리는 거 재밌지?

관객 : 아니.

치코 : 거짓말하지 마. 놀리는 거 좋아하잖아. 에이 내가 다 봤어. 으흐흐흐. (홱 돌아서며). 노는 게 제일 좋아. 친구들 모여라. 친구들 모여, 모여. (노래를 부르며 퇴장한다.)

조명 off

조명 on

제2막 집 안

엄마 : (등장하며) 치코야. 치코야.

효과음악 : 모여라 딩동댕의 "거꾸로 청개구리"

치코 : 시키는 대로 하면 재미없어. 치코는 거꾸로 거꾸로 청개구리야!

엄마 : 치코야. 블록 가지고 놀았으면 정리해야지. 이게 뭐니?

치코 : (엄청 느리게) 어, 알았어. 정~리~하~지~ (빠르게) 말라고?

(새침하게) 엄마! 땡큐.

엄마 : (화난 목소리로) 치코, 자꾸 이럴 거야? 자꾸 그럼 엄마한테 혼난다. (한 템포 쉬고) 치코야, 키가 쑥쑥 크는 우유 사 왔단다. 얼른 마셔보렴.

치코 : (얄밉게) 아, 마~시~지 (빠르게) 말라고? 알았어, 알았어.

엄마 : (속상한 듯이) 아휴, 얘가 정말 왜 이럴까? 너 자꾸 그러면 엄마가 생선 안 구워준다?

치코 : (신나게) 오, 예. 예. 예. 예~. 구~워~준~(빠르게) 다구? 우리 엄마 최고.

엄마 : 아휴, 못 말려 정말. (한 템포 쉬고) 치코야, 양치해야지.

치코 : 아휴, 졸려 이제 자야겠다.

효과음악 : 코 고는 소리 - 드르릉

엄마 : (드르릉 소리와 함께) 어휴.

조명 off

조명 on

제3막 신비 유치원 교실

선생님 : (치코에게 다가가며) 치코야, 안녕! (관객을 바라보며 두 팔을 벌리고) 신비 유치원에 온 걸 (두 손을 흔들며) 환영합니다. 친구들과 싸우지 않고 사이좋게 지내도록 해요.

하나 : (치코를 위아래로 훑으며) 야! 치코라고 했지? 이리 와 볼래? 내가 재밌는 거 보여줄게. (재촉이며) 빨리 와봐. 빨리빨리.

치코 : 재밌는 거? 그게 뭔데? (하나에게 다가간다.)

하나 : 뭐~냐~면. 내 주먹을 받아라. 이얏! (치코를 때린다.)

효과음악 : 때리는 소리(퍽퍽)

하나 : (크게 웃으며) 하하하. 내 주먹은 슈퍼 주먹이야.

치코 : 아, 아파. 아야야야. (화를 내며) 이게 진짜.

효과음악 : MBC 라디오 캠페인 – 잠깐만.

선생님 : 하나야, 친구를 때리면 (두 팔을 엑스 표시하며) 안 돼요, 안 돼. (관객과 상호작용) 친구들, 하나 주먹은 어떤 주먹이라고 했나요?

관객 : 슈퍼 주먹요.

선생님 : 아~ 슈퍼 주먹. 그럼 모두 하나에게 "얍빠리. 얍빠리. 망치 쿵" 하고 외쳐볼까요? 시작. (마술 봉을 돌리며) 얍빠리 얍빠리 망치 쿵.

효과음악 : 마법 효과음악 – 뾰로롱

하나 : (팔을 잡으며) 아야야야. 아파. 이게 뭐야. 멈춰줘, 제발~ (울먹거리며) 선생님, 잘못했어요. 너무 아파요.

선생님 : 하나야! 하나 주먹은 슈퍼 주먹이라면서?

하나 : (울면서) 아니에요, 아니에요. 다시는 친구를 때리지 않을게요.

치코 : (호탕하게 웃으며) 으히히히 꼬시다. 꼬셔. 하나 이 바보 멍청아! 그러게 날 왜 때려? 쌤통이다. 쌤통.

하나 : (씩씩거리며) 뭐?

효과음악 : MBC 라디오 캠페인 효과음 – 잠깐만

선생님 : 치코야, 친구에게 나쁜 말을 쓰면 (두 팔을 엑스 모양으로 만들며) 안 돼요, 안 돼. (관객들을 보면서) 친구들, 치코에게 다같이 "얍빠리 얍빠리 개구리 쿵!" 하고 외쳐볼까요? 시작!

관객 : 얍빠리 얍빠리 개구리 쿵!

효과음악 : 마법 효과음악 – 뾰로롱

선생님 : 어? 친구들 목소리가 너무 작아서 마법에 걸리지 않았어요. 다시 한 번 큰소리로 외쳐볼까요? 시작! "얍빠리 얍빠리 개구리 쿵"

효과음악 : 마법 효과음악 – 뾰로롱

치코 : (울면서) 으아아악 징그러워, 이게 뭐야. (입에서 개구리 인형이 나온다.)

개구리 : (개구리 탈 인형으로 표현) (점프하면서 왼쪽 관객들을 바라보며) 개굴 바보! (가운데 관객들을 바라보며) 개굴 멍청이! (오른쪽 관객들을 바라보며) 개굴 뚱땡이. 개굴 바보. 개굴 멍청. 개굴 뚱땡이.

치코 : (입을 막으며) 선생님, 제발요. 너무 징그러워요. 이제는 나쁜 말 하지 않을 거예요.

선생님 : (웃으며) 치코야! 치코는 친구들 놀리는 걸 좋아하잖아?

개구리 : 맞아 치코는 친구를 놀리는 거 좋아하잖아. 개굴 바보. 개굴 멍청이. 개굴. 뚱땡이.

치코 : (울면서) 아니에요, 선생님. 다시는 친구를 놀리지 않을게요. 으앙.

선생님 : (새침하게) 그래? 치코. 약속을 꼭 지켜야 해요. 얍빠리 얍빠리 개구리 쿵.

효과음악 : 마법 효과음악 – 뾰로롱

개구리 : (퇴장하며) 으악 악악. 안돼. 안돼. (개구리가 사라진다.)

하나, 치코, 선생님 : (퇴장한다.)

대식 : (쿠키를 우걱우걱 먹으며) 냠냠, 역시 먹는 게 제일 좋아.
친구들. (관객을 바라보며) 너희들도 유치원에서 맨날 질질 흘리고 먹지? 으헤헤헤. 꺽꺽 소리 내고 방귀도 뿡뿡 뀌면서 더럽게 먹잖아. 맞지? 맞지?

관객 : 아니.

대식 : 에이 맞잖아. 삥치시네. 거짓말하지마. 자, 다들 내가 어떻게 먹는지 잘 봐!

효과음악 : 나처럼 해봐요

대식 : (음악에 맞춰서 노래를 부르며) 나처럼 해봐요 이렇게! 으하하하.

효과음악 : 음식 먹는 소리 – 우걱우걱 쩝쩝

대식 : 나처럼 해봐요. 이렇게.

효과음악 : 트림소리 – 꺼억

대식 : 나처럼 해봐요 이렇게.

효과음악 : 방귀 소리 – 뿡

대식 : 아이참 재미있다. 우헤헤헤.

하나, 치코 : (코를 막으며) 우웨에에엑, 더러워. 선생님. 선생님. 대식이 좀 봐요.

효과음악 : MBC 라디오 캠페인 음악 – 잠깐만

선생님 : 대식아, 음식을 먹을 땐 꺽꺽 트림과 뿡뿡 방귀를 뀌면서 먹으면

안 돼요, 안 돼. (관객들을 바라보며) 친구들, 이번엔 대식이에게 "얍빠리 얍빠리 쿠키 쿵!" 하고 외쳐보아요. 시작.

선생님, 관객 : (마술 봉을 돌리며) 얍빠리 얍빠리 쿠키 쿵.

효과음악 : 마법 효과음악 - 뾰로롱

(쿠키가 커진다.)

하나, 대식, 치코 : (뒤로 넘어지며) 으악 이게 뭐야! (음식을 피해서 도망간다.)

대식 : 살려줘. 쿠키 싫어, 싫어. 살려줘. 저리 가. 저리 가. 저리 가.

하나, 치코 : 으악. (도망가면서 퇴장한다.)

대식 : 선생님, 제발요. 싫어요. (하나, 치코 뒤를 이어 퇴장한다.)

효과음악 : 천둥소리 - 우르르 쾅쾅

효과음악 : 알람 소리

조명 off

조명 on

제4막 집 안

효과음악 : 참새 소리 - 짹짹

효과음악 : 짱구는 못 말려

엄마 : (목소리만 들린다.) (부드러운 목소리로) 치코야. 치코야. 얼른 일어나야지.

치코 : (주위를 둘러보며) 어? (눈을 비비며) 여기가 어디지? 분명 신비 유치원이었는데? 아, 꿈이었구나. (몸을 움츠리고) 신비 유치원은 너~무 무서웠어. 어휴 다행이야.

엄마 : (재촉하는 목소리로) 치코야. 얼른 나와서 밥 먹어.

치코 : (밝은 목소리로) 네! 엄마, 잘 먹겠습니다.

효과음악 : 놀라는 소리 - 띠용

엄마 : (놀란 목소리로) 치, 치코야? 우리 치코 맞니?

치코 : 그럼요! 저, 치코 맞아요.

효과음악 : 프로듀스 101 – 나야 나

엄마 : (감격한 목소리로) 어머나. 어머나. 세상에. 세상에. 치코야! 너 하루아침에 이렇게 멋진 아이가 됐니?

치코 : (입에 손을 갖다 대며) 쉿! 비밀이에요. (부끄러워하며) 아이 몰라, 몰라.

엄마 : 어머머, 아니 얘가.

치코 : (관객을 바라보며) 친구들, 친구들. 나 어때? 멋있지?

관객 : 어.

치코 : 나는 이제부터 친구들도 놀리지 않고 (손으로 큰 원을 그리며) 많~이 도와 줄 거야. 너희들도 (두 손으로 자신을 가리키며) 나처럼 멋진 친구 맞지? (손뼉을 치며) 아! 그리고 오늘 신비 유치원에 있었던 일은 (손을 입에 갖다 대며 작은 목소리로) 쉿! 모두 비밀이야. 알았지?

효과음악 : "넌 할 수 있어"라고 말해주세요

(모든 등장인물이 음악에 맞추어 춤추며 서서히 막이 내린다.)

7 용궁에 간 토끼

등장인물 토끼, 거북이, 용왕, 오징어, 물고기

조명 on

제1막 바닷속 용궁

용왕 : (끙끙 앓는 소리를 내며) 아이고. 나 죽네. 아이고, 다리야. 아이고 허리야. 온몸이 욱신욱신 쑤시는구나. (의자에 앉는다.)

거북이 : (걱정하며 다급하게 달려오며) 용왕님. 많이 편찮으시옵니까?

용왕 : 내가 저세상으로 갈 날이 얼마 남지 않은 것 같구나.

오징어 : (깜짝 놀라며) 용왕님! 그게 무슨 말씀이시옵니까?

물고기 : (호들갑을 떨며) 용왕님! 어디가 불편하시옵니까?

용왕 : 며칠 전부터 이상하게 배가 살살 아프더니. 아이고, 식은땀이 나고 영 힘이 없구나.

물고기 : 용왕님! 배가 아프고 힘이 없을 땐 토끼의 간이 (엄지를 들며) 아주 최고라고 들었사옵니다.

효과음악 : 엄지 척

용왕 : (깜짝 놀라며) 그게 정말이냐? (반 포기하듯 한 목소리로) 그렇다고 육지에 사는 토끼를 무슨 수로 잡아오겠느냐.

오징어 : 걱정 마세요. 용왕님. (용왕의 등을 살짝 쓸어내리며) 제가 토끼를 잡아오겠습니다.

거북이 : (자신감 넘치게 크게 웃어준다.) 하하하. 하하하. 오징어 장군이 육지에 나갔다가는 금방 사람에게 잡혀서 (한 타임 쉬고 리듬 살려서) 보글보글 보글~찌개로 끓여질 것이요.

오징어 : 뭐 찌개?

거북이 : 아니면, 시원한 해물탕이 될 것이요. 하하하.

오징어 : 뭐, 해물탕?

거북이 : 그렇소. (오징어를 옆으로 끌어내며) 용왕님 제가 가겠습니다. 오징어 장군 대신 저를 뽑아주세요.

오징어 : (애교스럽게) 아닙니다. 용왕님 저를 뽑아주세요.

효과음악 : 'PICK ME' 광고음악

오징어, 거북이 : (음악에 맞추어 오징어와 거북이가 자신의 매력을 보여주며 춤춘다. 그리고 노래가 끝날 때 거북이가 밀쳐내 오징어가 풀썩 넘어진다.)

용왕 : (큰 결정을 내린 목소리로) 그래, 거북이 대신이 얼른 육지로 가서 토끼를 잡아 오도록 하여라.

거북이 : (용왕을 바라보며) 예! 용왕님 제가 토끼를 꼭 잡아 오도록 하겠습니다.

오징어 : 거북이 너, 토끼를 못 잡아 오기만 해봐! 가만두지 않겠어!

물고기 : (거북이를 보며 한 손을 천천히 흔들며) 잘~다녀오십시오.

조명 off

조명 on

제2막 육지

거북이 : (갸우뚱거리며) 토끼가 어디 있지? (발을 동동 구르며) 어디로 가야 토끼를 찾을 수 있을까? (과장하며) 아, 그 전에 토끼가 어떻게 생겼더라? (토끼를 찾는 시늉 하며) 아이 참. 토끼가 어떻게 생겼는지 알아야 찾지. (관객을 바라보며) 얘들아, 토끼가 어떻게 생겼니? 귀는?

관객 : (질문에 답한다.)

거북이 : 아, 쫑긋하다구. 그럼 꼬리는?

관객 : (질문에 답한다.)

거북이 : 아 동그랗고 짧구나. 고마워, 얘들아.

토끼 : (거북이가 관객들에게 토끼가 어떻게 생겼는지 물어보는 동안 무대 뒤쪽에서 당근을 보며 신나하면서 깡충깡충 뛰어다닌다.)

거북이 : (무대에서 토끼를 찾는 동작을 계속하며) 이 넓은 숲속에서 토끼를 어디서 찾지? 친구들아! 너희들 토끼 어디 있는지 아니?

관객 : 저기요. 저기요.

거북이 : 어디? 어디? 여기? 저기? 아이참. 토끼, 여기 없잖아. (관객을 향해) 너희들! 나한테 거짓말 한거야?

거북이, 토끼 : (토끼와 거북이가 서로 교차하며, 2번 정도 뛰어다닌다.)

거북이 : 어? 토끼가 어딨어? 어디? 어디? 어딨는 거야?
(토끼와 거북이가 서로 뒷걸음질 치다가 등을 부딪침. 그리고 순간 잠시 멈췄다가 천천히 뒤돌아서 2초 멈춤)

거북이 : (토끼를 훑어보며) 어? 쫑긋한 귀? 짧은 꼬리? 토끼?
(몹시 신나하며) 아하, 예! 예예! 예.

토끼 : (거북이가 대사할 때, '쟤 왜 저래?' 하는 몸짓 표현함.)

효과음악 : 싸이의 "I LUV IT" (여러 가지 색깔의 화려한 조명)

거북이 : (토끼에게 다가가며) 혹시 육지의 왕 토끼 선생이 아니시오?

토끼 : (잘난 척하면서) 흠. 그렇소. (한쪽 다리 떨며) 내가 육지의 왕이오. 그런데 당신은 누구시오?

거북이 : (신나서) 저는 바닷속 대신이온데, 용왕님께서 아름다운 토끼님을 생신 파티에 초대하셨습니다. 바닷속 구경을 시켜주시려고 그러지~요. 하하. (살짝 측면으로 돌며 혼잣말하며) 구경은 무슨. (관객 쪽을 보면서) 너의 간을 가져가야겠다. (비웃는 소리-음흐흐흐흐흐하).

토끼 : (깜짝 놀라며) 용왕님의 생일잔치요? 그렇다면 바닷속을 구경할 수 있는 건가요?

거북이 : 그럼요. 바닷속에는 (한 손을 올리며) 사나운 늑대도 (다른 손도 올리며) 무서운 호랑이도 살고 있지 않아요.

토끼 : 난 숲속의 왕이오. (한 손을 올리며) 늑대나 (다른 손도 올리며) 호랑이 따위가 무섭지 않소.

거북이 : (혼잣말) 뭐, 안 무섭다고? (관객을 보면서) 친구들아. 들었어? 늑대나 호랑이 따위가 무섭지 않대. 하하하. 뻥~치시네.

토끼 : 지금 뭐라고 했소?

거북이 : 육지에서 가~장 아름다운 왕이라 했습니다.

토끼 : 그래. 내가 한 미모하지. 좋았어. 렛츠 고. (무대 오른쪽으로 퇴장한다.)

거북이 : 토끼님. (무대 왼쪽으로 토끼를 안내하며) 이쪽이에요, 이쪽. 제 등에 올라 타세요.

효과음악 : 뽀르륵, 언더더씨

조명 off

조명 on

제3막 바닷속 용궁

(오징어와 물고기가 용왕을 양쪽에서 천천히 부축하면서 용왕님 의자에 앉힌다.)

물고기 : (용왕을 부축하며) 용왕님! 조심. 조심. 어어어어. 이쪽이에요. 조심. 조심. 넘어지시면 다치십니다.

용왕 : (아픈 시늉을 하며) 그래그래. 아이고. 다리야. 아이코 허리야. 아이코. 배야.

오징어 : 용왕님. (다리 주무르는 시늉을 하며) 많이 편찮으시면 다리 좀 주물러 드릴까요?

용왕 : 아이고. (단호하게) 손대지 마. 괜찮아. 점점 더 배가 아파지는구나. 도대체 거북이와 토끼는 언제 오는 것이냐?

오징어 : (무대 왼편을 가리키며) 어?

물고기, 오징어 : (몹시 신나게) 저기. 저기. 저기 옵니다요.

토끼 : 안녕하세요? 용왕님. 육지의 왕 토끼예요.

용왕 : 그래. 어서 오너라. 어서 와. (갑자기 배 움켜쥐며) 아이고. 아이고.

아이고. 배야.

토끼 : 어머나. 용왕님. 왜 그러세요? 어디 아프세요?

거북이 : (아주 들뜬 목소리로) 용왕님! (토끼의 목덜미를 움켜잡으며) 토끼를 잡아 왔습니다.

토끼 : (당황해하며) 아니, 왜 이러는 거요? 내가 뭘 잘못했다고.

효과음악 : 간 때문이야-광고 음악

용왕님 : 토끼야. 어서 너의 간을 내어다오.

효과음악 : 뜨헉

토끼 : 네? 그게 무슨 말씀이세요? 제 간이요?

물고기 : (비꼬는 듯이) 그래. (안경을 올리며) 용왕님께서 (토끼를 가리키며) 너의 간을 드셔야 (팔짱끼며) 병이 낫는다는구나. 아, 뭐. 어쩔 수 없잖아?

토끼 : (혼잣말) 속았어. 이를 어쩌지.

거북이 : (놀리듯이) 메롱. 토끼는 속았지롱. 얼 레리. 꼴 레리. 얼 레리. 꼴 레리. 우하하하.

토끼 : (거북이를 째려보며) 뭐야! 거북이 너 나를 속인 거야?

거북이 : (리듬을 살리며) 미안해. 미안해. 쏴리.

토끼 : (발을 동동 구르며) 으앙. 나 이제 어떡해. 어떡해. 난 몰라 난 몰라. 잉.

효과음악 : 오렌지캬라멜의 "마법소녀"

물고기, 오징어, 거북이, 용왕 : (음악에 맞추어 춤을 춘다.)

용왕 : (음악에 맞추어 소심하게 손을 까딱이다가, 다급하게 노래를 끊으라는 제스처를 하며) 어서. 어서 토끼 배를 갈라서 간을 꺼내어라.

오징어 : (수술대를 끌고 나오면서) 예. 알겠습니다. 용왕님. 얼른 토끼의 간을 대령합죠.

효과음악 : 하얀 거탑-배경 음악

오징어 : (수술대 끌차를 끌고 온다.)

토끼 : (토끼가 수술대를 보고 기겁하며 뒷걸음질 치다가 독백한다.) 아. 안 돼. 안 돼. 나 이러다가 진짜 죽겠어! 어서 꾀를 내야 해. 꾀를. (관객석을 향해) 얘들아! 어떻게 해야 좋을까?

관객 : (토끼의 질문에 답한다.)

토끼 : 이대로 죽을 수는 없어. 그래. 그래야겠다. 도망가야겠어. (도망치려 한다.)

물고기, 오징어, 거북이 : (토끼가 독백 대사할 때, 수술 준비를 한다.)

거북이 : 도망가긴 어딜 도망가. (토끼를 붙잡아 수술대 쪽으로 데리고 간다.)

토끼 : 이거 놔. 네가 뭔데 날 잡아.

물고기 : (수술용 장갑을 착용하는 자세를 하며) 자. 그럼 수술을 한 번 시작해 볼까? (재미있게 살려서) 메~스.

토끼 : 아. 잠깐.

효과음악 : 끼익

토끼 : 아아. 지금, 제 뱃속에는 간이 없어요.

효과음악 : 띠용

물고기 : (크게 당황하며) 뭐, 뭐? 지금 뱃속에 가, 간이 없다고?

토끼 : (명랑하게) 네네. 우리 토끼들은 워~낙 깔끔해서 아침에 간을 꺼내 햇볕에 말린 다음 저녁에 다시 뱃속에 넣거든요.

효과음악 : 베토벤 운명

거북이 : (촐랑대며) 진짜야? 아이참. 뭐야. 뭐야. 웬일이니. 웬일이니. 그럼 저녁에 데리고 올걸.

용왕 : 어허이. (화가 난 목소리로) 거북 대신은 빨리 가서 토끼의 간을 갖고 오너라.

거북이 : (주눅 들며) 예 알겠습니다. (토끼를 쳐다보며). 너 때문에 혼났잖아! 빨리 간 가지러 가자!

토끼 : (신나서) 예예. 어서 다시 가서 간을 가지고 오겠습니다. (혼잣말하며) 역시 토끼는 똑똑해.

물고기 : (토끼와 거북이가 뒤돌아 가는 순간) 어허이. 잠깐. (근엄하게) 정말 육지에 간을 놔두고 온 것인지 검사를 해보아야겠으니 기계를 가지고 오시오.

오징어 : (새초롬하게) 예~예. 가지고 오도록 하죠. (오징어가 엑스레이 기계를 가지고 무대로 나온다.)

토끼 : (몹시 당황해하며) 아니, 무슨 검사를 한다는 거에요. 간을 가지고

온다니까요.

오징어 : 자자. 여기 턱 대시고요. 움직이지 마시고. 가만히 계세요. 누릅니다. 하나. 둘. 셋.

효과음악 : 찰칵 × 3번

토끼 : (사진을 연속해서 3번 찍을 때 토끼는 자세를 바꿔준다.)

오징어 : 자자. 사진 한 번 보고 가실게요. (엑스레이 기계를 무대 뒤로 퇴장시킨다.)

조명 off

조명 on

물고기 : (엑스레이 사진을 보면서) 어디 한 번 볼까. 자, 간이 있습니다. 토끼의 간이 여기 있습니다.

효과음악 : 빠밤

오징어, 거북이, 물고기 : (신나서 손뼉치며 뛰면서) 야호. 토끼의 간이 있다.

효과음악 : 아모르 파티 – 광고음악

등장인물 모두 : (등장인물 모두 노래에 맞춰 전체 모두 막춤을 춘다.)

토끼 : 으앙. 난 몰라. 난 몰라 잉. 난 진짜 죽었어.

거북이 : (토끼 째려보며 리듬을 살려서) 야. 토끼. 너 거짓말한 거냐. 좋은 말로 할 때 따라와라.

토끼 : 거북이 네가 먼저 거짓말했으면서.

거북이 : 그럼 속지를 말던가. 하하하하.

오징어 : 앗싸. 토끼 너 이제 죽었어. 얘들아 풍악을 울려라.

용왕 : 어허이. 풍악은 무슨. 아이고, 배야. (호통치며) 어서 토끼 간부터 꺼내어라.

효과음악 : 하얀 거탑 배경음악

물고기 : (수술 장갑을 끼고 토끼에게 다가가며) 자아, 다시 시작해볼까?

토끼 : 아! 잠깐만요. 잠깐만. 도대체 용왕님의 어디가 아프시길래, 저의 간을 먹어야 한다는 거에요?

물고기 : (용왕님에게 다가가면서) 그러니까 말이야. 배에 가스가 차고 나

오라는 똥은 안 나오고! 나오는 것은. (방귀뀌는 동작)

효과음악 : 방귀 소리

거북이, 토끼, 물고기, 오징어 : (얼굴 앞에 손을 휘저으며) 으으으악. 똥 냄새.

오징어 : 얘들아, 너희 어디서 똥 냄새 안 나니? 저기 노란 옷 입고 있는 너 아니야? 머리 묶고 있는 넌가? 아닌데 내 옆에서 나는 거 같은데.

용왕 : (부끄러운 듯이) 사실. 내가 뀌었어. 화장실에 못간지 열흘이 넘었어. 열흘이.

토끼 : (명랑하게) 아유 참. 난 또 뭐라고. 변비네요. 변비.

물고기 : 변비? (뭔가 알았다는 듯이) 아~ 변~비?

오징어, 거북이 : 변~비? 그건 어떻게 고치는 병이지?

토끼 : (가방에서 당근을 꺼내며) 아, 여기요. 당근. 당근을 드세요. 변비를 고치려면 채소를 많~이 먹어야 한다고요. (용왕에게 준다.)

용왕 : (당근 먹는 시늉하며) 그래, 채소를 많이 먹어야 한다고? 냠냠. 냠냠.

토끼 : 그렇죠. 그리고 운동을 해야 해요. 저를 따라 하세요. 시~작.

효과음악 : 에어로빅 음악

등장인물 모두 : (음악에 맞추어 신나게 춤을 춘다.)

토끼 : 자, 용왕님. 이제 곧. 신호가 올 거예요.

용왕 : (단호하게 정색하며) 아무 신호도 안 와. 없어. 없어.

거북이 : (무릎을 '탁' 치며) 아무래도 토끼의 간이 제일 빠른 것 같습니다.

신하들 : (다시 토끼를 잡으려고 하며) 안 되겠어. 다시 토끼 잡아.

토끼 : (다급하게 도망친다.) 안돼요. 토끼 살려. 토끼 살려. 곧 신호가 올 거예요. 올 거란 말이에요.

신하들 : (토끼를 잡으러 뛰어다닌다.)

용왕 : 어 어 어. 온다. 온다. 온다. (용포를 들어 올리며 똥 싸는 시늉을 한다.) 지금. 지금. 나올라 그래. 똥이 나올라 그래.

오징어 : (호들갑 떨면서) 안돼. 아이고, 용왕님 안 되시옵니다. 여기선 아니 되옵니다. 화장실. 화장실.

오징어, 용왕 : (오징어와 용왕은 퇴장한다.)

토끼 : (관객을 향해) 얘들아, 용왕님 똥이 잘 나오게 우리 함께 응원하자!

효과음악 : 트니트니의 "응가 송"

토끼, 거북이, 물고기 : (음악에 맞추어 춤을 춘다.)

효과음악 : 똥 싸는 소리

토끼 : 오잉? 어이쿠 냄새. 용왕님, 똥 냄새 장난 아닌데.

거북이, 물고기, 토끼 : 그러게 말이야. 아이코, 똥 냄새.

효과음악 : 변기 물 내리는 소리

오징어 : (반가운 소식 전하듯이) 용왕님께서 바나나 똥을 싸셨습니다.

효과음악 : 축하송

용왕 : (기쁘듯이) 와. 기분 좋아. 날아갈 것 같아.

거북이 : 친구들. 용왕님의 병을 낫게 해 준 토끼에게 박수.

토끼 : (관객을 향해 인사를 한다.)

용왕 : (관객석을 향해) 얘들아. 너희들도 채소 많이 먹어. 나처럼 편식하면 바나나 똥도 안 나오고 똥구멍도 아프다. 채소 골고루 잘 먹어야 해. 그럼 안녕.

효과음악 : 소명의 "빠이 빠이야"

용왕, 거북이, 오징어, 물고기 : 친구들, (길게 빼면서) 안녕.

(막이 닫힌다.)

8 이 잘 닦아 공주와 이 안 닦아 왕자

등장인물 토끼(해설), 공주, 왕자, 용

조명 on

제1막 침실

효과음악 : 왈츠

토끼 : 옛날에 이 잘 닦아 공주와 이 안 닦아 왕자가 살고 있었어. 이 잘 닦아 공주는.

효과음악 : 둥근 해가 떴습니다.

공주 : 오늘도 (✧ 모양 막대를 올린다.) 반짝반짝.

효과음악 : 샤랄라~~

공주 : 예쁜 나의 이를 닦으며 시작해 볼까나.
(칫솔을 들고 노래를 부르며)
싹싹 닦아라. 윗니 아랫니.
싹싹 닦아라. 앞니 어금니.
이 잘 닦는 아이는 하얀 이 예쁜 이.
웃을 때는 반짝반짝 참 예뻐요.
(관객을 바라보며 잘난 척하며) 친구들. 친구들. 나처럼 예쁜이를 본 적이 있니?

관객 : (공주의 질문에 답한다.)

토끼 : 반면 이웃 나라 이 안 닦아 왕자는 이를 안 닦아도 너~무 안 닦아. 야! 왕자, 그만 먹고 이 좀 닦아.

효과음악 : 느린 음악

왕자 : (사탕을 먹으며) 이 닦는 거? (칫솔 등장) 먹고 나면 또 해야 하는

데 왜 해?

효과음악 : 거울 깨지는 소리

왕자 : 귀찮아. 귀찮아.

(사탕을 들고 노래를 부르며)

사탕 먹고 귀찮아서 이 안 닦을래.

내 입에 병균이 생기든 말든.

식사 후에 귀찮아서 이 안 닦을래.

나쁜 냄새. 내뿜을 거야.

효과음악 : 파리 소리

왕자 : (파리소리에 맞추어) 하~하. (뒹굴거리며 귀찮다는 듯이) 양치하기 정~말 귀찮아.

토끼 : (코를 막으며) 어우, 세상에. 입 냄새인지.

효과음악 : 파리 소리

토끼 : 똥 냄새인지. (관객을 향해) 친구들. 친구들. 친구들은 저렇게 더럽고 냄새나는 이를 본 적이 있니?

관객 : (토끼의 질문에 답한다.)

효과음악 : Happy Life

조명 off

조명 on

제2막 여러 사람이 있는 연회장

효과음악 : 아름답고 푸른 도나우

공주 : (음악에 맞추어 춤을 춘다.)

공주 : (관객을 바라보며) 친구들. 친구들. 모두 파티에 와주셔서 (우아하게 콧소리를 내며) 감사합니당. 얼마나 많은 친구가 와주었는지 박수 소리 한 번 들어 볼까요?

효과음악 : 박수 소리

효과음악 : 띠융

효과음악 : 심장 소리

왕자 : (한눈에 반했다는 듯이) 세상에 저렇게 아름다운 공주가.

효과음악 : 개그콘서트 '두근두근' - 뚜 뚜루 뚜뚜

왕자 : 나! 이 안 닦아 왕자 사나이답게 공주에게 고백하기로 결심했어. 빈손으론 갈 수 없지. 음.

효과음악 : 전구 켜지는 소리

왕자 : 꽃. 꽃을 준비해야겠어.

효과음악 : 쌩. (왕자는 퇴장한다.)

효과음악 : 모차르트 g장조 제 13번

공주 : 어휴! 따분하고 지루해. 저 꽃미남은 누구? 저, 철철 넘치는 용맹스러움. 이쪽으로 오잖아.

왕자 : (목소리를 가다듬고 꽃다발을 건네며) 아름다운 공주님! 흠. 흠. 내 사랑을 받아주오.

효과음악 : 에이핑크 you

공주 : 이놈의 인기란. 후후.

효과음악 : 거울 깨지는 소리

공주 : (절규하며) 악, 이게 무슨 냄새야?

효과음악 : 운명

왕자 : (음악에 맞추어 절망하는 동작을 한다.)

토끼 : (한숨을 쉬며) 어휴. 왕자는 그날도 양치를 안 했다더군. 쯧쯧. 내가 저렇게 될 줄 알았다니깐.

조명 off

조명 on

제3막 침실

효과음악 : 카드 캡쳐

왕자 : (침대에 누워 실망한 듯이) 공주님은 도대체 (박차고 일어나며) 멋

진 궁전도 있지. 잘생겼지. 용감하지. 이런 나를 왜 싫어하는 거야. (관객을 향해) 친구들. 친구들은 공주님이 이렇게 완벽한 나를 왜 싫어하는지 알고 있나요?

조명 off

조명 on

효과음악 : 뉴스 시작 소리

아나운서 : (TV 소품 등장하며) 뉴스 속보입니다. 이 잘 닦아 공주가 나쁜 마녀의 마법에 걸려 깊은 잠에 빠졌다고 합니다. 성으로 가는 길은 무시무시한 용이 지키고 있으며, 마법을 풀기 위해서는 용감한 왕자의 뽀뽀가 필요하다고 합니다. 이상입니다.

왕자 : (깜짝 놀란 듯이) 뽀뽀? 용기 하면 나지. 나의 사랑 이 잘 닦아 공주님을 구하러 빨리 가야겠어. 여봐라. 말을 가져오너라.

효과음악 : He's Pirate

조명 off

조명 on

제4막 풀 숲

효과음악 : Turning the Tide codegeass

왕자 : 공주님, 조금만 기다려 주세요.

토끼 : (목소리만 출현) 이 안 닦아 왕자는 서둘러 말을 타고 달리기 시작했지. 풀 숲을 헤치고 강을 건너 마침내 용을 만났어.

효과음악 : 용 발소리

용 : 네놈은 누구냐?

왕자 : 나는 용감하고 씩씩한 이 안 닦아 왕자다. 난 공주를 구하러 왔어. 저리 비켜라.

용 : (비웃는 듯한 목소리) 후! 네가 공주를 구할 수 있을 것 같으냐.

효과음악 : 용 울음소리

왕자 : 나를 감히 얕보다니 내 칼을 받아라.

효과음악 : 칼 휘두르는 소리

왕자 : (칼 휘두르는 소리에 맞추어서 칼을 휘두른다.)

용 : 훗훗. 간지럽지도 않군. 이번엔 내 차례다. 나의 무시무시한 불꽃 맛을 보아라.

효과음악 : 용울음 소리

왕자 : 으아악학. (왕자의 입 냄새가 난다.)

효과음악 : 뜨헉

용 : (왕자의 입 냄새를 맡고 당황해하며) 이, 이게 무슨 똥 냄새야? 에잇 더 뜨거운 맛 좀 봐라. 칵.

효과음악 : 불 뿜는 소리

용 : (입을 크게 벌리며 불을 뿜는다.)

왕자 : 절대 당황하지 않고 용보다 입을 더 크게 벌린 후, 하~~~끝.

용 : (코를 막은 소리를 내며) 억! 고약해.

효과음악 : 날아가는 소리

용 : (퇴장한다.)

왕자 : 이겼어. 역시 내가 제일 잘 나가.

효과음악 : 2NE1의 "내가 제일 잘 나가"

조명 off

조명 on

제5막 침실

효과음악 : Unchained melody

왕자 : (헐레벌떡 뛰어가며) 공주님. 공주님을 구하기 위해 제가 왔어요. (말소리를 늘리면서) 후~후. 마법을 풀기 위해서는 뽀, 뽀뽀를 해야 한다고 했는데. 그럼 이제 내가 공주에게. (부끄러워하며) 뽀,

뽀, 뽀뽀를.

효과음악 : Kiss me

왕자 : (입술을 내밀며) 하아~~~~~~~~음.

효과음악 : 파리 소리

효과음악 : 또잉.

공주 : (벌떡 일어나며) 으악. 냄새나는 입으로 그러면 (앙칼진 목소리로) 앙대여.

효과음악 : 인간극장 엔딩곡

왕자 : 내가 풀숲도 헤치고 강도 건너서 무시무시한 용과도 싸우고 이렇게 공주님을 구하러 왔는데. 공주님 미워.

공주 : 저도 왕자님이 싫은 건 아니지만. 음, 그 입 냄새만은 도저히.

효과음악 : 천둥소리

왕자 : (충격을 받으며 고개를 좌우로 흔들며) 이럴 수가.

공주 : 흠흠. 딱 한 가지 조건만 된다면 왕자님과 결혼해 드릴게요.

왕자 : 그게 무엇이오. 공주님의 사랑을 받기 위해서는 무엇이든 하겠어요.

효과음악 : 종이 펼치는 소리

공주 : 충치균 물리쳐 대회에서 일등을 하시면 결혼해 드릴게요.

효과음악 : 띠용

왕자 : (놀라며) 충치균 물리쳐 대회? 거기서 어떻게 일등을 하지?

효과음악 : 랩 비트

토끼 : (랩 비트에 맞추어 대사함) 내가 알려줘? 이것만 지켜서 따라 해 보라고. 어허. 어허. 잘 들어봐.
이를 닦자. 이를 닦자. 하루 3번 이 닦자.
밥을 먹고 3분 이내 3분 동안 이 닦자.
엄마 아빠 누나 동생 333.
할아버지 할머니도 333.

효과음악 : 랩 비트

왕자 : (랩 비트에 맞추어) 어허. 어허. 그런 방법이. 내가 다시 한 번 불러 볼게.
귀를 쫑긋 잘 들어봐.

이를 닦자. 이를 닦자. 하루 3번 이 닦자.
밥을 먹고 3분 이내 3분 동안 이 닦자.
엄마 아빠 누나 동생 333.
할아버지 할머니도 333.

왕자 : 결심했어. 하루 3번 밥을 먹고 3분 이내 3분 동안. 좋았어. (관객을 향해) 친구들. 친구들. 이렇게 하면 저 상 받을 수 있을 것 같나요?

관객 : (왕자의 질문에 답한다.)

공주 : 왕자님은 대회에 나가서 어떻게 됐을까?

효과음악 : 뉴스 속보

아나운서 : (TV소품 등장) 뉴스 속보입니다. 수많은 참가자를 제치고 이 안 닦아 왕자가 충치균 물리쳐 대회에서 우승을 했다는 소식입니다. 이상입니다.

효과음악 : 위풍당당 행진곡

공주 : (사랑에 빠진 듯이) 어머나! 왕자님.

왕자 : (목에 메달을 걸고 손을 흔들며 무대 좌우를 왔다 갔다 한다.)

왕자 : 공주님! 저와 결혼해 주시겠어요?

공주 : 물론이죠. 왕자님을 기다리고 있었어요.

효과음악 : 사랑이 넘치는 음악

토끼 : 이렇게 왕자는 이를 잘 닦아 충치균 물리쳐 대회에서 일등을 하여 공주와 행복하게 살았답니다.

효과음악 : 신나는 결혼 음악

(막이 닫힌다.)

9 왜 나만 시켜!

등장인물 아빠, 엄마, 언니, 별이

조명 on

제1막 별이 방

효과음악 : 반짝반짝 작은 별

별이 : 안녕. 안녕. 만나서 반가워!
내 이름은 (손으로 반짝반짝 동작을 하며) 반짝반짝 빛나는 별이라고 해.

효과음악 : 샤랄라

별이 : (관객들을 바라보며) 오늘 유치원에서 예쁜 왕관을 만들었다. 어때? 근사하지?

관객 : 어.

별이 : 이 왕관을 쓰면 예쁜 공주님이 되는 거야. 이 왕관에 어울리는 예쁜 옷을 친구들이 함께 찾아줄래?

관객 : 어.

조명 off

조명 on

효과음악 : Dj peter project의 “doo be doo”

쇼호스트 : 요즘 고객님들 아이들 옷 입히실 때 걱정 많으시죠? 아이들이 어찌나 이것 저것 따지는지. 저희 아이도 옷 사가면 이상하다고 떼쓰고 울고불고.
그래서 제가 여기 옷을 가져다주니 정~말 마음에 든다고. 아

주 제 볼이 닳도록 뽀뽀를 하는 거 있죠? 고객님들 늦지 않았습니다. 지금 바로 전화주세요.

별이 : 친구들.

관객 : (대답한다.)

별이 : 친구들.

관객 : (대답한다.)

별이 : 이 옷 어때?

관객 : (대답한다.)

별이 : 아니면 이 옷은 어때?

관객 : (대답한다.)

별이 : 너희들 생각은 어때?

관객 : (대답한다.)

별이 : (박수치며) 그래! 공주라면 분홍색 드레스가 딱이지.
진짜 완벽한 공주가 되어 돌아올게.

효과음악 : 달려가는 소리

조명 off

조명 on

효과음악 : 뷰티풀 걸

효과음악 : 2NE1의 "내가 제일 잘 나가"

별이 : (음악에 맞추어 도도하게 걸으며 등장) 예쁜 공주님으로 변~신.

효과음악 : 빠밤

효과음악 : 찰칵

별이 : 친구들. 친구들.

관객 : (대답한다.)

별이 : 어때? 예뻐?

관객 : (대답한다.)

엄마 : (얼굴만 보이게) 별아. 별아.

별이 : 네. 엄마 (투덜거리는 목소리로) 아이참, 엄마가 왜 부르시지?

효과음악 : 달려가는 소리

조명 off

조명 on

제2막 주방

효과음악 : 도마 소리 & 물 끓는 소리

엄마 : 별아. 별아.

별이 : 엄마, 엄마. 나 이제부터 별이가 아니고 예쁜 공주님이라고요.

효과음악 : 샤랄라

별이 : (음악에 맞추어 예쁜척하며) 이것 보세요. 예쁘죠?

엄마 : (관심 없는 듯) 그래. 그래. 거기 식탁 위에 있는 컵 좀 갖다 줄래?

별이 : (한숨을 쉬며) 휴, 그건 공주님이 할 일이 아닌데.

엄마 : 엄마가 너~무 바빠서 그래. 아빠가 좋아하시는 고등어구이 맛있게 해야겠다. (노라조의 "슈퍼맨" 멜로디에 맞추어 대사함) 별이야 고등어를 부탁하노라.

별이 : (노라조의 "슈퍼맨" 멜로디에 맞추어 대사함) 어머니. 공주라고 불러주세요. 세상에서 제일 예쁜 반짝 공주 별이랍니다. (고등어 냄새를 맡고 코를 막는다.) 어우, 비린내. 공주님은 그런 거 안 하는데. 친구들.

관객 : (대답한다.)

별이 : 친구들.

관객 : (대답한다.)

별이 : 정말 우리 엄마가 맞아?

관객 : (대답한다.)

별이 : 세상에서 제~일 심술궂은 마녀 같아. (엄마 뒤쪽에 마녀 그림자로 표현)

효과음악 : 천둥소리와 마녀 웃음소리

별이 : (눈을 가리며 겁이 나는 목소리로) 꺅. 무서워. 아빠한테 도망갈래.

효과음악 : 달려가는 소리

조명 off

조명 on

제3막 거실

효과음악 : Happy life

아빠 : 별아. 별아.

별이 : 아빠, 아빠. 나 이제부터 별이가 아니고 예쁜 공주님이라구요.

효과음악 : 샤랄라

별이 : (음악에 맞추어 예쁜 척 하며) 이것 보세요. 참 예쁘죠?

아빠 : (관심 없는 듯이) 그래, 그래. 여기 아빠 양말을 빨래통에 넣어 줄래?

효과음악 : 유리창 깨지는 소리

별이 : (양말 냄새를 맡고 코를 막는다.)

효과음악 : 파리 소리

별이 : 아우, 고린내. 휴, 이것도 공주님이 할 일이 아닌데.

아빠 : (하품하며) 아빠가 너~무 피곤해서 그래. 시원한 물 한 잔도 부탁한다. 대신 나중에, 나중에 아빠가 재미나게 놀아 줄게.

별이 : 흥! 왜 나만 시키는 거야. (관객을 바라보며) 친구들?

관객 : (대답한다.)

별이 : (관객들 바라보며) 친구들?

관객 : (대답한다.)

별이 : 정말 우리 아빠 맞아?

관객 : (대답한다.)

별이 : 세상에서 제~일 게으른 거인 같아. (아빠 뒤에 헐크 그림자로 표현)

효과음악 : 괴물 헐크 소리

별이 : (눈을 가리며 겁을 먹고) 꺅.

조명 off

조명 on

엄마 : (목소리만 출연) 진아. 진아.

언니 : 네, 엄마.

엄마 : 진아, 숙제 다 했니?

언니 : 네, 다했어요.

엄마 : 그럼, 네 신발 정리 좀 하렴. (엄마 퇴장).

언니 : 네, 엄마. 음, 히히. (웃음) 별아. 별아.

별이 : 응? 왜 불러?

효과음악 : 샤랄라

별이 : (음악에 맞추어 예쁜 척 하며) 나 별이가 아니고 예쁜 공주님이다. (새침하게) 공주님이라고 불러.

언니 : 이거, 네가 좋아하는 딸기 맛 사탕이다. 먹고 싶지?

별이 : 응! 공주는 딸기 맛 사탕을 제~일 좋아해.

효과음악 : 당근 송

언니 : (당근 송 멜로디에 맞추어 대사하며) 먹고 싶니?

별이 : (당근 송 멜로디에 맞추어 대사하며) 당근!

언니 : (당근 송 멜로디에 맞추어 대사하며) 사탕 먹고 싶니?

별이 : (당근 송 멜로디에 맞추어 대사하며) 당근. 당근. 당근.

언니 : (당근 송 멜로디에 맞추어 대사하며) 사탕 줄까?

별이 : (당근 송 멜로디에 맞추어 대사하며) 당근.

언니 : (당근 송 멜로디에 맞추어 대사하며) 딸기 맛 줘?

별이 : (당근 송 멜로디에 맞추어 대사하며) 당근. 사탕 줘. 빨리 줘. (입맛을 다시며) 쓰읍. 어디서 났어? 맛있겠다.

언니 : 그치, 그치? 맛있겠지? 신발 정리하면 음, 너 줄게.

별이 : 싫어! 싫어! 왜 나만 시켜. 엄마가 언니한테 시킨 거잖아! 공주님은 그런 거 절~대 안 한다고.

언니 : (익살스럽고 얄밉게) 그래? 그럼, 이 사탕 내가 다 먹어버려야지. (놀리는 목소리로) 먹어야지. 먹어야지.

별이 : 흥! 정말 너무해. 친구들.

관객 : (대답한다.)

별이 : 정말 우리 언니 맞아?

관객 : (대답한다.)

별이 : 세상에서 제~일 얄미워. 못된 도깨비 같아. (언니 뒤에 도깨비 그림자로 표현)

효과음악 : 천둥소리와 도깨비 웃음소리

별이 : (눈을 가리며 겁먹은 목소리로) 꺅.

조명 off

조명 on

효과음악 : 우울한 배경음악

별이 : (흐느끼며) 흑흑. 친구들~나는 예쁜 공주님인데 왜 다들 나에게 심부름만 시키는 걸까? 흑흑. 다들 정말 너무해.

효과음악 : 조스 소리

엄마 : (목소리만) 별아!

별이 : (오른쪽으로 움직이며) 어!

아빠 : (목소리만) 별아!

별이 : (왼쪽으로 움직이며) 어어?

언니 : (목소리만 출현) 별아!

별이 : (머리를 움켜잡고 도리도리) 으악. 싫어, 싫어. 왜 나만 시켜!

효과음악 : 유리창 깨지는 소리

별이 : 나 이제 심부름 절~대 안 할 거야. 으앙. (방으로 도망치듯 퇴장한다.)

조명 off

조명 on

제4막 별이 방

효과음악 : 겨울왕국, 두드리는 소리

아빠 : ("겨울왕국" 멜로디에 맞추어 대사하며, 문 두드리며) 별아! 왜 그러니? 아빠가 놀아줄게. 어서 이리 나와 봐. 우리 함께 놀자. (여기까지 노래) 별이가 준 시원~한 물을 마시니 아빠가 잠이 확, 깨는데.

별이 : (흐느낀다.)

엄마 : ("겨울왕국" 멜로디에 맞추어 대사하며, 문 두드리며) 별아, 왜 그러니? 문좀 열어봐. 엄마가 저녁 맛있게 해 놨어. 나와서 먹어봐. (여기까지 노래). 별이가 도와줘서 금~방 만들었네. 어서 먹자.

별이 : (흐느낀다.)

언니 : ("겨울왕국" 멜로디에 맞추어 대사하며, 문 두드리며) 별아, 문 좀 열어 줄래. 언니가 미안해. 언니가 숙제 많아서 너무 힘들어 그랬어. (여기까지 노래) 별아. 빨리 나와 봐. 언니가 사탕 줄게.

별이 : (팔짱 끼며) 휴, 나는 별이가 아니고 공주님이라니까.
(고민하듯 천천히 걸어가며) 그래도. 한 번 나가볼까? (고개를 저으며) 아니야. 아니야. (관객들 보며) 친구들.

관객 : (대답한다.)

별이 : 친구들.

관객 : (대답한다.)

별이 : 내가 어떻게 하면 좋을까?

관객 : (대답한다.)

별이 : 그럴까? 음, 하지만 쉽게 나갈 순 없지. 나 별이 아니야. 예쁜 공주님이라고요.

효과음악 : 말발굽 소리와 끼익 소리

아빠 : 공주님. 별이 공주님. 공주님을 구하러 멋진 왕자님이 왔습니다.

효과음악 : 두근두근

별이 : (웃으면서 두 손을 모아) 왕자님! 저, 저를 구하러 와주셨군요.

아빠 : (등을 보이며) 그렇습니다. 공주님. 어서 밖으로 나가시죠. 저에게 업히세요.

별이 : (부끄러워하며) 좋아요. 왕자님.

아빠 : 그럼 출발합니다. 이랏.

효과음악 : 말발굽소리

별이 : 으흐흐. 재밌다. 이랴. 이랴.

효과음악 : 싸이의 "강남스타일"

아빠, 별이 : (음악에 맞추어서 춤을 춘다.)

조명 off

조명 on

제5막 거실

효과음악 : Kiss me

엄마 : 우리 공주. 엄마를 잘 도와줘서 고마워. (진하게 볼 뽀뽀) 쪽.

아빠 : 우리 공주님. 아빠를 도와줘서 고마워요. (진하게 볼 뽀뽀) 쪽.

언니 : 별이 공주님. 언니가 사랑하는 거 알지? 고마워. (진하게 볼 뽀뽀) 쪽.

별이 : (행복한 웃음) 헤헤, 우리 집은 내가 없으면 안 된다니까. 나는 가족들을 잘 도와주는 착한 공주님이에요. (관객들 보며) 친구들. 친구들도 나처럼 가족들을 잘 도와주는 착한 왕자님~ 그리고 공주님이죠?

관객 : (관객들이 대답한다.)

별이 : 별이는 우리 가족 모두 모두 사랑해요.

아빠, 엄마, 언니, 별이 : 사랑해요.

효과음악 : 참 좋은 말

(아빠, 엄마, 별이, 언니는 음악에 맞추어 춤추며 서서히 막이 내린다.)

10 팥죽 할머니와 호랑이

등장인물 해설자, 할머니, 호랑이, 알밤, 송곳, 자라, 절구

조명 on

제1막 할머니 집 마당

효과음악 : 산뜻한 아침

해설자 : 옛날 깊고 깊은 산 속에 팥죽을 맛있게 잘 끓이는 팥죽 할머니가 살고 있었어요.

알밤 : (궁금한 듯) 할머니? 할머니? 어? 어디 가셨지?

할머니 : (인자하게) 오냐오냐. 그래 가마. 너희들도 오너라.

효과음악 : 엔터테인먼트
(음악에 맞추어 송곳, 자라, 절구가 등장한다.)

효과음악 : 또잉

알밤 : (궁금한 듯) 어? 할머니. 할머니 이 친구들은 누구에요?

절구 : (반갑다는 듯이) 안녕!

자라 : (반갑다는 듯이) 안녕!

송곳 : (반갑다는 듯이) 안녕!

자라 : 목이 긴 내 이름은 자라야. 한 번 물면 놓지 않지.

송곳 : 난 송곳이야. 무엇이든 구멍 송송 뚫어버리지.

절구 : 쿵덕 쿵덕 쿵덕 쿵덕 내 이름은 절구야. 찧고. 빻고.

알밤 : (웃으며) 으하하. 정말 반가워. 난 알밤이라고 해.

송곳 : 우리는 모두.

자라 : 할머니께서.

절구 : 구해주셨어.

송곳, 자라, 절구 : (밝고 고마운 목소리로) 할머니! 고맙습니다.

할머니 : (인자하게) 그래그래. 허허허. 너희들은 여기서 놀고 있어라. 난 밭에 좀 다녀오마.

송곳, 자라, 절구, 알밤 : (밝은 목소리로) 네. 조심히 다녀오세요.

할머니 : 그래. 오냐.

알밤 : (생각하는 듯이) 어? 뭐 하고 놀지? (좋은 생각이 떠올랐다는 듯이) 애들아, 집 구경시켜 줄까?

송곳 : 좋아.

자라 : 좋아.

절구 : 좋아.

알밤 : 그럼 날 따라와. 왜 안 와.

효과음악 : 웃음소리

해설자 : 이 집 할머니는 작은 것도 소~중~하게 여기는 마음씨 좋은 분이시네요. 그나저나.

효과음악 : 호랑이 울음소리

해설자 : 할머니 밭에 호랑이가 자주 나온다는데 할머니는 괜찮을까요? 우리 같이 한 번 가볼까요?

효과음악 : 쌩쌩

해설자 : (해설자 퇴장한다.)

조명 off

조명 on

제2막 팥밭

효과음악 : 한태주 main - 새소리

할머니 : (구수하게 혼잣말로) 아이고, 그새 쑥쑥 많이도 자랐네.
(혼잣말로 뿌듯해하며) 가을에 팥이 다 익으면 맛있는 팥죽을 해 먹어야겠구나. 허허허.

효과음악 : 해를 품은 달 OST

호랑이 : (조심스럽게 낮은 목소리로) 살금살금. 몰래몰래. (낮은 자세로 다가오며)

효과음악 : 어흥

호랑이 : 할머니를 잡아먹겠다.

할머니 : (깜짝 놀라고 공포에 떨며 호랑이를 안으며) 아이고, 살려주세요.

효과음악 : 함동정월 main－휘모리장단

호랑이 : (벗어나려고 허우적대며) 으악. 이거 놔.

할머니 : (호랑이를 더 꽉 안으며) 살려주세요.

호랑이 : 이거 놓으라니까.

할머니 : 살려달라니깐요.

호랑이 : (하는 수 없이) 아아 알았어. (힘들었다는 듯이 땀을 닦으며) 내기해. 내기.

효과음악 : 종소리

할머니 : (호랑이 안은 손을 풀며 당황스럽다는 듯이) 내. 내기?

호랑이 : (능글스럽게) 내기라고 해서 당황하셨어요?
할머니가 이기면 살려 줄 테지만, (음침하게) 내가 이기면 할머니를. (입맛 다시는 소리를 내며 음흉하게 웃는다.)

할머니 : (굽신거리며 어쩔 수 없이) 아이고, 알겠습니다.

효과음악 : 좋은 놈 나쁜 놈 이상한 놈 영화－서부음악

호랑이 : (어벙하게) 그럼 첫 번째 내기.

효과음악 : 게임기 소리－킥복싱

할머니 : (억울하다는 듯이) 오~떡해. 오~떡해. (다리가 후들거리는 것을 보이며)

효과음악 : 달달거리는 소리

할머니 : 서 있는 것조차 힘든데.

효과음악 : 뼈 소리

할머니 : (힘 있게 허리를 펴며) 나는 힘이 없어요. 힘이 없어.

효과음악 : 록키

호랑이 : (킥복싱하는 동작을 하며) 아뵤오오오오오오오.

할머니, 호랑이 : (킥복싱을 하며, 할머니와 호랑이가 부딪힐 때마다 “퍽”

하는 효과음악이 나온다. 할머니가 못하는 척하며 호랑이를 이긴다.)

효과음악 : 게임에서 이겼을 때 소리

할머니 : (숨을 헐떡이며 기세등등하게) 헉헉. 아이고, 허리야.

효과음악 : 띠요옹

호랑이 : (어이없다는 듯이 울먹이며) 무슨 할머니가 힘이 이렇게 세. (비장하게) 음. 안 되겠어.

효과음악 : 좋은 놈 나쁜 놈 이상한 놈 영화 - 서부음악

호랑이 : 두 번째 내기.

효과음악 : 게임기 소리

호랑이 : 줄. 다. 리. 기.

할머니 : (황당하다는 듯이) 이잉? 줄다리기? 오~똑해. 오~똑해.

효과음악 : 바람 빠지는 소리

할머니 : 이 할미는 주먹 쥘 힘도 없는데.

호랑이 : (호랑이가 할머니에게 줄을 주며) 됐고. 됐고. 할머니 줄 잡아요.

효과음악 : 힘 빠지는 소리

할머니 : (줄이 무겁다는 듯 잡고 휘청거린다.) 아이고, 무거워라.

호랑이 : 하나 둘 셋 하면 당기는 거예요. (절대로 봐주지 않을 듯이) 하나. 둘. 셋.

효과음악 : 호루라기 소리

효과음악 : 영차영차

효과음악 : 전우치

(할머니와 호랑이가 줄다리기한다. 처음엔 팽팽하게 줄다리기를 하다가 할머니가 끌려가려고 한다.)

할머니 : (관객을 향해) 얘들아!

관객 : (관객들이 대답한다.)

할머니 : 얘들아!

관객 : (관객들이 대답한다.)

할머니 : 이 할미가 이길 수 있게 힘을 주세요.

효과음악 : 에너지 올라가는 소리

할머니 : (괴력을 발산하며) 흐아악.

호랑이 : 우악. (호랑이가 끌려가며)

효과음악 : 게임기 소리

(할머니가 이긴다.)

효과음악 : 오렌지캬라멜의 "까탈레나"/ 부우웅 쾅

할머니 : (손을 절레절레 휘저으며 속도감 있는 말투로) 아이고, 휴. 죽다가 살아났네. 그려.

효과음악 : 댕~ 하는 징 소리

호랑이 : (어이없다는 듯이) 설마, 내가 진 거냐? 그런 거야? 응?

할머니 : (수줍게) 그럼 약속대로 내가 이겼으니깐, 나는 가마. (천천히 가는 척을 한다.)

호랑이 : (모르는 척하며) 무슨 약속? 몰라. 몰라. 그냥 할머니 잡아먹을래. 어흥.

할머니 : (체념한 듯이) 잠깐만 정 그렇다면 이 팥이 다 익는 가을에 찾아오너라. 팥죽을 끓여 놓고 너를 기다리마.

효과음악 : 요술봉 소리

호랑이 : (신난다는 듯) 이잉? 그럼 팥죽도 먹고. 할머니도 먹고. 꿩 먹고. 알 먹고. 꿀꺽. 꿀꺽. 좋아. 좋아. (얄미운 소리로) 그럼 우리 가을에 만나요. 안뇽.

할머니 : (초조하다는 듯) 아이고, 이를 어쩌나. 이를 어째.

효과음악 : 이제마의 "한숨"

해설자 : 저런~저런~ 약속도 안 지키는 나쁜 호랑이 같으니라고. 친구들~ 친구들~앞으로 팥죽 할머니는 어떻게 될까요?

조명 off

조명 on

제3막 할머니 집 마당

효과음악 : 이제마의 "한숨"

할머니 : (허탈하게) 벌써 가을이 왔구나. (아궁이에서 주걱으로 팥죽을 휘저으며) 팥죽을 다 쑤면, 호랑이가 잡아먹으러 오겠지. 아 휴휴.

(알밤, 자라, 송곳, 절구가 무대로 등장한다.)

알밤 : (밝은 목소리로 웃으며) 할머니, 할머니. (걱정스럽다는 듯이) 할머니 무슨 일 있으세요?

할머니 : (한숨을 쉬며) 아휴, 사실은 말이다.

효과음악 : 테이프 빨리 감는 소리

할머니, 알밤, 자라, 송곳, 절구 : (테이프 빨리 감는 소리에 맞추어 동작한다.)

자라 : 아, 그런 일이?

송곳 : 할머니 울지 마세요.

절구 : 절구는 토닥토닥.

자라, 송곳 : 저희가.

알밤, 절구 : 도와드릴게요.

할머니 : (믿을 수 없다는 듯이 손사래를 치며) 엉? 너희가 어떻게 말이냐?

송곳 : (주먹을 불끈 쥐며) 약하다고 얕보지 마세요.

절구 : 힘을 합치면 우리도 할 수 있다고. 모여 봐. 모여 봐. 모여 봐. (다 같이 작전 회의 하듯 모인다.)

알밤 : 할머니도 빨리 오세요.

효과음악 : 속닥속닥

할머니 : 옳거니.

알밤 : 그럼 난 아궁이 속으로. (아궁이 속으로 들어간다.)

효과음악 : 쏙

자라 : 나는 장독대 속으로. (장독대 속으로 들어간다.)

효과음악 : 풍덩

송곳 : 난 아궁이 뒤에.

효과음악 : 샤사삭

절구 : 높이 올라가 점프. (뒤로 점프하며 물러난다.)

효과음악 : 뾰옹하는 소리

송곳, 절구, 알밤, 자라 : (목소리를 작게 내며) 할머니, 우리가 혼내줄게요. (각자의 위치에서 숨는다.)

할머니 : (기특하다는 듯이) 그래그래. 내 너희들만 믿으마.

효과음악 : 부엉이 소리

할머니 : (하늘을 쳐다보며) 아이고, 이제 곧 호랑이가 오겠구먼.

조명 off

(무대조명을 전반적으로 어둡게 한다.)

효과음악 : 어흥

호랑이 : (당당하게) 할머니. 할머니. 할머니. 꿀꺽하러 내가 왔잖아. (능글스러운 목소리로) 자냐. 자냐.

할머니 : (혼잣말로) 이럴 때는 약속도 잘 지키는구나.

효과음악 : I'm from

호랑이 : (안보여서 더듬더듬 거리듯이) 할머니, 근데 왜 이렇게 어두운 거야. 안 보여.

할머니 : 어둡지? 저기 아궁이 쪽에 불씨가 있어. 그걸 좀 가져오려무나.

호랑이 : 저쪽이요?

할머니 : 그래, 저쪽에 있더구나.

호랑이 : (찾았다는 듯이) 아궁이? 여기 있다. 어디 보자.

조명 on

효과음악 : 심벌즈 소리

알밤 : (주먹으로 호랑이 눈을 친다.) 타닥타닥 타당.

호랑이 : (당황하며 울먹이듯이) 앗! 뜨거워. 뜨거워. 내 눈 어딨어. (장독대로 간다.)

자라 : (놓칠 수 없다는 듯이) 누구 맘대로. 아웅.

효과음악 : 와그작

자라 : (호랑이 손가락을 물어버린다.)

호랑이 : (아파하며) 아악, 내 손가락.

송곳 : 어딜 도망가. 이얍.

호랑이 : 으악.

송곳 : (비장하게) 송곳 맛 좀 봐라. 이얍.

효과음악 : 뵤옹

호랑이 : (호랑이의 엉덩이를 찌른다.)

호랑이 : (아프고 울먹거리며) 아! 오, 내 엉덩이.

절구 : (비장하게) 마지막은 절구에 맡기라고. 간다. 합.

효과음악 : 두웅.

절구 : (방망이로 호랑이를 때린다.)

호랑이 : (비틀거리며) 아이고, 어지러워. (무릎을 꿇는다.)

효과음악 : 삐용삐용 새소리 - 별 보이는 소리

(할머니, 자라, 송곳, 알밤, 절구 무대 중앙으로 등장한다.)

알밤 : (꾸짖으며) 나쁜 호랑이! 왜 착한 할머니를 괴롭혀.

호랑이 : (비굴하게) 잘못했어요.

송곳 : (꾸짖으며) 또, 그러면.

효과음악 : 휙

송곳 : (호랑이를 찌르는 흉내를 낸다.)

할머니 : (타이르며) 아이고, 애들아! 그만하면 됐다.

자라 : (단호하게) 이제 다시는 우리 할머니 괴롭히지 않을거지?

호랑이 : (울먹이며) 그럼요.

할머니 : (믿어 본다는 듯) 정말이냐?

호랑이 : (반성하며) 네, 잘못했어요. 다시는 안 그럴게요.

할머니 : (인자하게) 그래 그래. 이번엔 한 번 믿어보마. (호랑이를 일으켜 준다.)

효과음악 : 꼬르륵

효과음악 : 어흥

호랑이 : (호랑이 할머니를 잡아먹으려고 시늉을 한다.)

송곳 : 어어. 또 그런다. 이얍.

효과음악 : 쨍그랑

(알밤, 자라, 절구도 싸울 자세를 취한다.)

호랑이 : (민망해하며) 할머니. 할머니. 잡아먹을 생각에 온종일 굶었더니. (송곳, 자라, 알밤, 절구의 배에서도 소리가 난다.)

효과음악 : 꼬르륵

할머니 : (인자하게) 하하하. 너희들도 배고프구나.

송곳, 자라, 절구, 알밤 : 네.

할머니 : 그럼 내가 약속한 대로 맛있는 팥죽을 대접하마. 허허.

호랑이 : (뻔뻔하게) 할머니 빨리 줘요. 빨리. 나 배 엄청 고프단 말이에요.

효과음악 : 모여라 딩동댕

할머니 : (손짓하며) 자자. 이리들 오너라.
(할머니가 알밤, 자라, 절구, 송곳, 호랑이에게 팥죽을 나눠준다.)

할머니 : 많이 먹어라.

알밤, 자라, 절구, 송곳, 호랑이 : 잘 먹겠습니다.

알밤 : 할머니도 같이 먹어요.

할머니 : 아이고, 그래. 그래. 맛있게 먹어라.

호랑이 : (계속 먹으면서) 전, 많이 주세요. 많~이. 한 그릇 더요.

할머니 : 그래. 그래.

호랑이 : (팥죽을 맛있게 먹는 동작을 한다.)

해설자 : 그 후 호랑이는 할머니의 밭농사를 도와주며 행복하게 살았답니다. 안녕.

효과음악 : Wish of Korea

(모든 등장인물이 음악에 맞추어 춤을 추면서 관객들을 향해 인사를 하고 막이 닫힌다.)

11 황소와 바꾼 무

등장인물 농부, 농부 아내, 농부 어머니, 딸, 욕심쟁이 장사꾼, 사또, 이방(해설자), 황소(순한 눈, 날카로운 눈), 큰 무

조명 on

제1막 농부네 밭

효과음악 : 남도 굿거리

해설자 : (손바닥으로 부채를 탁탁 치며 등장한다. 그리고 무대 앞으로 걸어 나와서 부채를 편다.)

효과음악 : 부채음

해설자 : 옛날 우리 마을에 착! 하고 부지런한 농부가 살았어.

효과음악 : 부채음

해설자 : (부채로 허공을 치며) 그 농부는 바로.

효과음악 : 북소리 - 쿵 딱

해설자 : (무대 퇴장한다.)

조명 off

조명 on

효과음악 : 이은관의 "농사 타령"

농부 : (음악에 맞추어 농사를 짓는 동작을 하며) 허허허. 올해는 사또님이 나눠 주신 무씨를 심어서 우리 딸이 좋아하는 깍두기를 만들어 먹어야지.

효과음악 : 새미의 "씨앗"

농부 : ("씨앗" 멜로디에 맞춰 대사하며) 씨, 씨, 씨를 뿌리고 (밭 옆의 물뿌리개를 들며) 얼씨구. 꼭꼭 물을 주었죠. 절씨구.

효과음악 : 새미의 "씨앗" (하룻밤, 이틀 밤, 어어어. 뽀드득 뽀드득 뽀드득 싹이 났어요.)

조명 off

조명 on

농부 : (다 자란 무를 보면서 기쁜 목소리로) 어디 무를 한 번 뽑아볼까?

효과음악 : 무가 뽑히는 소리 – 뽁

농부 : (큰 무 쪽으로 걸어가며 무를 잡으며) 이번엔 요 녀석으로다가.

효과음악 : 장구 소리 – 덩 더덕 쿵 덕

농부 : (장구 소리에 맞춰 대사하며 큰 무를 잡아당김) 영치기 영차.

무 : (농부가 무를 뽑을 때 뽑힐 듯 말 듯 움직인다.)

농부 : 헉. 헉. 왜 이 무는 안 뽑히는 거지?

농부 : (관객석을 보며) 누가 좀 도와주세요.

효과음악 : 궁 OST – A Dancing Teddy

욕심쟁이 장사꾼 : (소를 끌고 무대 위로 등장한 뒤) 소 사세요. 소 사세요. (무대 위를 한 바퀴 돈다.) 여기 소 살 사람 어디 없소?

농부 : (계속 큰 무를 뽑는 시늉을 한다.)

욕심쟁이 장사꾼 : (농부 발견한 후 독백) 옳거니. 저 농부에게 비싸게 팔아먹어야겠군. (거들먹거리며) 에헴. 이 황소로 말할 것 같으면 (오른손으로 뽑는 시늉을 하며) 무! 뽑고, (두 손으로 뽑는 시늉을 하며) 기둥! 뽑고, (두 손으로 과장하여 만세 하듯 뽑는 시늉을 하며) 나무도 잘 뽑는 힘 센 황소입니다. 죄~다 뽑아버리죠. (두 손바닥을 펼치며) 오늘은 특별히 단돈 1000냥. 단 한 마리만 남아있습니다. (농부 곁으로 다가가서) 지금 사면 (황소에게 다가가 황소 목에 걸린 워낭을 흔들며) 워낭을 덤으로 드려요.

효과음악 : 워낭 소리 – 딸랑딸랑

황소 : (독백) 내가 무 뽑고. 기둥 뽑고. 나무를.

(힘이 빠진 소리로 어깨를 비틀비틀 흔들며 늘어진 채) 언제 뽑았

다고요. (장사꾼에게 다가가 자신을 가리키며) 그리고 원래부터 나 밖에 없었잖아. 3일째 밥도 안 줬으면서. 밥부터 주고 말해.

효과음악 : 힘없는 소 울음소리

농부 : (의심하는 듯이 고개를 갸웃거리며) 으잉? 풀 한 포기도 못 뽑게 생겼는데? (손사래를 치며) 황소는 됐고. 이 무 뽑는 것 좀 도와주세요.

효과음악 : 어이없고 놀라는 소리

욕심쟁이 장사꾼 : (당황스럽다는 듯이) 뭐라고? 무 뽑는 걸 도와달라고? 나보고 무 뽑으라는 얘기? 아니 그럼 황소는 안 산다는 얘기? (빈정거리며) 너나 무 많이 뽑으세요. (황소를 잡아끌며) 그럼 바빠서 이만.

장사꾼, 황소 : (퇴장한다.)

농부 : (가지 말라는 듯 손을 뻗으며) 아. 잠깐.

효과음악 : 자명고 OST – 모진인연

조명 off

조명 on

제2막 농부네 밭

농부 : (어깨를 올렸다 내려 한숨을 쉬며) 휴유. (큰소리로 두 손을 입에 대고) 여보. 여보.

효과음악 : 장옥정, 사랑에 살다 OST – 사랑의 계절

농부 아내 : (음악에 맞추어 머리를 만지며 예쁜 척하며 무대 위로 등장하며) 무슨 일이세요?

농부 : (허리를 툭툭 치며) 무 뽑게 내 허리를 잡으시오.

효과음악 : 장구 소리 – 덩 더덕 쿵 덕 ×2

농부, 농부 아내 : (장구 소리에 맞추어 대사함) 영치기 영차. 영치기 영차.

농부, 농부 아내 : (힘을 합쳐서 무를 잡아당겨 보지만 뽑지 못하고 엉덩방

아를 찧는다.)

농부 : 아이코.

농부 아내 : 에구머니.

농부 : (일어나면서) 아이고, 안 되겠어.

농부 아내 : (큰 소리로) 어머니. 어머니.

효과음악 : 금잔디의 "내 나이가 어때서"

농부 어머니 : (허리를 굽히고 힘없이 몸을 떨면서 무대 위로 등장하며) 아, 무슨 일이냐?

농부 아내 : (한 손으로 농부 허리를 잡고 한 손으로 자신의 허리를 가리키며) 무 뽑게 제 허리 좀 잡아보세요.

농부 어머니 : 그래. 내가 왕년에 힘 좀 쓰지 않았니. 내가 도와주마.

효과음악 : 장구 소리 – 덩 더덕 쿵 덕 ×3

농부, 농부 아내, 농부 어머니 : 영치기, 영차. 영치기, 영차. 영치기, 영차.

무 : (농부, 농부 아내, 농부 어머니가 무를 뽑을 때 뽑힐 듯 말 듯 움직인다.) (농부와 농부 아내, 농부의 어머니가 무를 잡아당겨보지만 뽑지 못하고 엉덩방아를 찧는다.)

농부 : 아이코.

농부 아내 : 에구머니.

농부 어머니 : 에구구구구.

농부 : 휴, 아무래도 안 되겠는걸.

농부 어머니 : (무릎을 잡고 일어서며) 가만 있어보자. 꽃분아. 꽃분아.

농부 아내 : (어머니를 잡으며) 아이, 어머니. 꽃분이가 무슨 힘이 있다고 그래요.

효과음악 : EXO의 "으르렁" 전주

농부 딸 : (역기를 들고 건들건들 무대 위로 힘차게 등장한 뒤) 부르셨어요?

농부 어머니 : 무 뽑게 허리를 좀 잡아 보아라.

농부 딸 : 예.

농부, 농부 아내, 농부 어머니, 농부 딸 : (앞 사람의 허리를 잡고 서로 힘을 모아 무를 당긴다.)

효과음악 : 장구 소리 - 덩 더덕 쿵 덕 ×4

농부, 농부 아내, 농부 어머니, 농부 딸 : 영치기 영차. 영치기 영차.

농부 딸 : (땀을 닦으며) 아휴, 안 되겠네. (관객석을 보며) 우리 친구들도 영치기 영차. 같이 외쳐주세요.
하나, 둘, 시작.

효과음악 : 장구 소리 - 덩 더덕 쿵 덕 ×4

농부, 농부 아내, 농부 어머니, 농부 딸 : 영치기 영차. 영치기 영차. 아 앙. 좀 더 크게~ 외쳐요. 하나. 둘. 시작. 영치기 영차. 영치기 영차. 영치기 영차. 영치기 영차.

효과음악 : 무가 뽑히는 소리

농부, 농부 아내, 농부 어머니, 농부 딸 : (무가 뽑히는 순간 놀라 엉덩방아를 찧는다.)

농부 : 아이코.

농부 아내 : 에구머니.

농부 어머니 : 에구구구구.

농부 딸 : 아야야야.

효과음악 : 까탈레나 - 하

무 : (음악에 맞추어 잘난 척하며 춤을 춘다.)

농부 : (놀란 목소리로) 어, 이럴 수가.

농부 아내 : (무 쪽으로 다가가며) 아이고. 저게 무야? 소야? 무가 소만 하구나.

농부 어머니 : (무를 쓰다듬으며) 세상에. 오래 살다 보니 이렇게 큰 무도 다 보겠네.

농부 딸 : 크다. 이 커다란 무로 뭘 해 먹죠?

농부, 농부 아내, 농부 어머니, 농부 딸 : (무를 다 같이 둥글게 에워싼다.)

무 : (농부 가족이 에워싸자 당황해서 도망가려 한다.)

농부 딸 : (무를 잡으며) 어딜 가.

농부 어머니 : (무릎을 치며) 아, 무장아찌. 땅속에 묻어두고, 두~고 두~고 먹을 수 있잖니.

농부 아내 : 어머니, 우리 식구들이 다 먹기에 너~무 많아요. 아! 시장에 내다 팔면 어떨까요?

농부 딸 : 저는 (무를 썰 듯이 가로로 치며) 깍두기요. 깍두기.

무 : (딸의 말을 듣고 덜덜 떨고 있다.)

농부 : 으흠. 다 좋은 생각이긴 한데, 그래도 꼭 선물하고 싶은 사람이 있어.

농부 아내, 농부 어머니, 농부 딸 : (두 팔을 펼치며) 선물?

농부 딸 : (궁금하다는 듯이) 누구한테요?

농부 : 우리 마을의 사또님께.

농부 아내 : (박수 한 번 치고 고개를 끄덕이며) 아, 맞아요. 무씨를 나눠주셨죠.

농부 어머니 : (고개를 3~4번 끄덕이며) 하긴, 하긴. 사또님이 마음씨가 좋아서 이것저것 많이 도와줬지.

농부 딸 : (두 팔을 앞으로 펼치듯 벌리며) 마을 사람들을 위해 마을에 다리도 놓아 줬잖아요.

농부 : 아, 그것뿐이게요. (검지손가락으로 관객석을 훑으며) 망가진 집들도 다 고쳐 줬잖아요.

농부 어머니 : (손뼉을 치며) 그래, 그럼 사또님께 갖다 드리고 오너라.

농부 아내 : (농부의 어깨와 팔을 살포시 잡으며) 얼른 다녀오세요.

농부 딸 : (아버지에게 달려가 뽀뽀를 하며) 아버지. 다녀오세요. ~쪽.

농부 : (무와 팔짱을 끼고 함께 퇴장한다.) 그럼 다녀오겠습니다.

효과음악 : 해를 품은 달 OST - 저자거리

조명 off

조명 on

제3막 사또네 마당

효과음악 : 남도 굿거리

해설자 : (접힌 부채로 큰 원을 그리며) 농부는 커~다란 무를 가지고 사또님에게 갔어.

해설자 : (퇴장한다.)

(사또는 의자에 앉아있고 이방은 옆에 서 있다.)

농부 : (두리번거리다 사또를 발견) 아이고 사또님.

사또 : (의자에서 일어나며) 허허허. 아이고, 꽃분 아비. 이거 정말.

농부, 사또 : (악수하고 앉았다 일어나며) 반갑구먼. 반가워요.

사또 : (뒷짐을 지고) 여긴 어쩐 일로? 무 농사는 잘되었는가?

농부 : 아, 그럼요. 사또님 덕분입니다. (두 손으로 무를 보여주며) 그래서 이 무를 선물로 가져왔습니다.

효과음악 : 미스코리아 BGM

무 : (음악에 맞추어서 미스코리아 자세를 취하며 사또에게 걸어간다.)

효과음악 : 띠잉

사또 : (깜짝 놀라며) 세상에, 이, 이렇게 커다란 무가 있다니. (무를 만지며) 이렇게 큰 무를 내게 준다는 것이냐?

농부 : (두 손을 맞잡고) 예. 흐흐. 신기한 무라 사또님께 드리려고요.

사또 : 허허, 이 귀한 걸 나한테 주다니. 정~말 고맙구나. (근엄하게) 그래, 선물을 받았는데 나도 가만히 있을 수 없지. 이방.

효과음악 : 성균관 스캔들 OST – 성균관 해프닝

이방 : (소매에 두 손을 넣고) 예, 사또님.

효과음악 : 속닥. 속닥속닥. 속닥속닥.

사또 : (이방에게 손짓한 뒤 귀에 속닥거린다.)

이방 : 예? 예에.

이방 : (사또의 속닥임을 듣고 퇴장하여 황소를 끌고 온다.)

사또 : 내 너에게 더 열심히 농사를 지을 수 있도록 힘센 황소를 선물하노라. 으흠.

농부 : (황소를 보고 허리를 숙이며 감격한 목소리로) 고맙습니다. 사또님. 고맙습니다. 사또님.

사또 : (농부를 향해 손을 휘휘 저으며) 그래, 이만 가 보거라.

이방 : (혼자 투덜대며 무를 잡으면서) 아이고 허리야, (허리를 두드리며) 무슨 무가 이리도 무거울꼬.

무 : (이방에게 질질 끌리며 퇴장한다.)

효과음악 : 바람의 화원 OST – 생도청의 아침

조명 off

조명 on

제4막 농부네 밭

효과음악 : 쾌걸춘향 OST – 그 속에서

농부 : (음악에 맞추어서 황소로 밭을 갈며) 사또님이 주신 황소도 있겠다. 무도 심고, 배추도 심어서 (황소의 어깨를 두드리며) 농사를 크게 지어볼까?

효과음악 : 탐나는 도다 OST – The New World

욕심쟁이 장사꾼 : (나무 뒤에 숨어서 농부를 지켜보며) 아니, 그깟 무를 바치고 황소를 상으로 받다니! 그럼 황소를 바치면 사또님께서 어떤 상을 주실까? 분명, 어~마~어마한 상을 주실거야. 혹시 황금?

효과음악 : 성균관 스캔들 OST – 잘금 4인방

조명 off

조명 on

제5막 사또네 마당

효과음악 : 남도 굿거리

해설자 : (무대로 앞으로 걸어 나오면서) 욕심 많은 장사꾼이 황소를 받은 농부를 보고 사또를 찾아왔지.

효과음악 : 징

사또 : (근엄한 목소리로) 으흠. 그래 너는 대체 무슨 일로 왔느냐?

욕심쟁이 장사꾼 : 제가 사또님께 황소를 선물로 드리려고요.

효과음악 : 소 울음소리

효과음악 : 띠잉

사또 : (깜짝 놀라며) 황소를?! 황소가 있어야 장사할 때 편할 텐데?

욕심쟁이 장사꾼 : (몸을 비비 꼬며) 아이. 뭐 제가 꼭 뭘 바란다기보다는 순수한 제 마음입니다. (황소를 사또 쪽으로 밀며) 받아 주세요. (독백) 무를 주면, 황소를 받고. 황소를 주면, 더 큰 걸주겠지. 흐흐흐.

황소 : (가기 싫은 듯 몸을 좌우로 격하게 흔들며 독백) 끙. 끄으응. 네 속 마음 내가 모를 줄 알고. 걸핏하면 왜, 맨날 나만 갖고 그래. 가기 싫어. 가기 싫단 말이야. (앓는 소리로) 이이이잉.

욕심쟁이 장사꾼 : (더 세게 밀며, 쇼미더머니 정준하의 "웃지 마"처럼) 어. 서. 가.

효과음악 : 소 울음소리

황소 : 저 욕심쟁이 얼마나 큰 상을 받는지 두고 보자.

사또 : 아이고 그래? 너의 마음이 정 그렇다면 너에게도 선물을 줘야겠지. 으흠. (이 방에게 손짓하며) 이방.

효과음악 : 속닥속닥

사또 : (이방의 귀에 대고 속닥속닥한다.)

이방 : (사또의 말에 고개를 끄덕이며) 예? 예예. (무대 밖을 가리키며) 저

곳간 안에 있는 것을 가져가거라!

효과음악 : 동요 - 바라 밤

욕심쟁이 장사꾼 : (음악에 맞추어 춤을 추며) 예예예예예. 예예예예예. (노래 부르듯이) 뭘까? 뭘까? 황금? 보석? (무대를 퇴장한다.)

이방 : (팔짱을 끼고) 신기할 거야. (고개를 끄덕이며) 그렇고말고.

효과음악 : 곳간 문 여는 소리

욕심쟁이 장사꾼 : (무를 보고 허탈해하는 목소리만 들린다.) 이게 뭐야?

효과음악 : 기황후 OST - 가시 사랑

욕심쟁이 장사꾼 : (실망한 듯 무를 들고 나오며). 흑흑 흑. 흑흑. 내 황소.

사또 : 그래. 내가 오늘 받은 아주 귀~한 무다. 특별히 주는 것이니 가져가도록 하여라. 으흠.

황소 : (장사꾼에게 손가락질 하며 독백) 히히. 황금은 무슨. 꼴~좋다. 욕심쟁이 녀석.

이방 : (내쫓는듯한 손짓) 자자. 이제 가 보거라. (황소 엉덩이를 두드리며) 이랴. 이랴.

이방, 황소 : (퇴장한다.)

효과음악 : 미끄러지는 소리

욕심쟁이 장사꾼 : (털썩 주저앉으며 허탈한 목소리로) 난 완전히 망했어.

효과음악 : 얼레리 꼴레리~ 얼레리 꼴레리×2

효과음악 : 뾰잉

욕심쟁이 장사꾼 : (갑자기 벌떡 일어서며) 가만. 이 무를. 장에 내다 팔까? 이거 단무지로 만들어 내다 팔면 어마어마하겠는데.

무 : (장사꾼이 하는 말을 듣고 있다.)

욕심쟁이 장사꾼 : (욕심 가득한 목소리로) 단무지 한 통에 천 냥을 받으면?

무 : (욕심쟁이 장사꾼의 말에 놀란다.)

욕심쟁이 장사꾼 : (손가락으로 세며) 천 냥. 이천 냥. 삼천 냥. 사천 냥. 오천 냥.

욕심쟁이 장사꾼 : 황소 열 마리는 더 살 수 있겠군. 으흐흐.

효과음악 : 무가 도망가는 소리

무 : (욕심쟁이 장사꾼의 말에 깜짝 놀라며 도망간다.)

욕심쟁이 장사꾼 : (도망가는 무를 쫓으며 퇴장) 어, 거기서. 거기 서지 못해.

조명 off

조명 on

효과음악 : 남도 굿거리

해설자 : (무대로 걸어 나오면서 욕심쟁이 장사꾼을 가리키며) 저. 저. 아직도 정신을 못 차렸군. 단무지를 천 냥? 쯧쯧쯧. (관객을 향해 쳐다보며) 어린이 여러분은 단무지를 천~냥에 사시겠어요? 으이잉. 쯧쯧쯧.

효과음악 : 장금이의 꿈 OST - 장터

(모든 등장인물이 음악에 맞추어 춤을 춘 후 막이 닫힌다.)

연구문제

1. "유아를 위한 인형극" 관련 다양한 시나리오를 읽어 보자.

2. 동일 제목이지만 시나리오가 다른 것을 찾아서 비교하여 분석해 보자.

3. 기존의 시나리오 1편을 정하여 배워야 할 점, 보완해야 할 점에 대해 생각해 보고 표시해 보자.

참고문헌

고문숙, 임영심, 김수향, 손혜숙(2007). **아동문학교육**. 경기: 양서원.

김경미(1997). **인형극 놀이를 통한 유아사회교육**. 서울: 학지사.

김성연(1992). **유아교육을 위한 인형극**. 서울: 보육사.

김영애, 박선주(2016). **유아문학과 전달매체**. 경기: 양서원.

김애옥(2004). **인형극의 이론과 실제**. 경기: 양서원.

서성복(2011). **손인형극 교본**. 서울: 영문.

신관홍(2000). **인형극의 이론과 실제**. 서울: 에벤에셀.

신은희, 노명희(2004). **인형 제작과 시나리오**. 경기: 정민사.

안정희(1989). **인형극 놀이와 인형 만들기**. 서울: 행림출판사.

이경옥(2008). 춘천인형극제 출품작품 분석 연구. 광주대학교 산업대학원 석사학위논문.

이춘희(2002). **유아문학교육**. 서울: 동문사.

장혜순(2009). **유아문학교육의 이론과 실제**. 서울: 파란마음.

정진수(2000). **연극 연출의 이론과 실제**. 서울: 예음.

조윤진(2008). **탈 인형 제작법과 연기론**. 서울: 창지사.

______(2015). **그림자 인형 제작법과 표현론**. 서울: 창지사.

저자소개

길현주

창원문성대학교 유아교육과
경희대학교 교육대학원 석사(유아교육 전공)
대구가톨릭대학교 대학원 박사(유아교육 전공)
현) 창원문성대학교 유아교육과 교수

유아교사를 위한 인형극

초판 1쇄 인쇄 / 2019년 7월 10일
초판 1쇄 발행 / 2019년 7월 15일

저 자 / 길 현 주
발행인 / 이 중 수
발행처 / **동 문 사**

서울특별시 서대문구 홍제원 1길 12
(홍제동 137-8)
Tel : 02)736-3718(대), 736-3710, 3720
Fax : 02)736-3719
등록번호 : 1974.04.27 제9-17호
가격 : 17,000원

ISBN : 979-11-6328-086-6 (93370)
E-mail : dong736@naver.com
www.dongmunsa.com